Kriege im 21. Jahrhundert

WILFRIED VON BREDOW

KRIEGE
IM 21. JAHRHUNDERT

Wie heute
militärische Konflikte
geführt werden

BeBra Verlag

Inhalt

Prolog: Krieg, Krieg, Krieg 9

Kriege im 20. Jahrhundert 17
Der Erste Weltkrieg – Zwischenkriegszeit und Zweiter Weltkrieg – Kriege nach 1945 – Enttäuschte Friedenshoffnungen nach 1990 – Kriege der Gegenwart

Staaten, Globalisierung und lokale Kriege 33
Staat und Souveränität – Militärische Globalisierung – Staatsabschwächung – Räume geronnener Gewalt

Der Westen und die anderen 47
Weltordnung und Werteordnung – Missglückte Ordnungspolitik – Humanitäre Intervention und internationale Schutzverantwortung – Externe Demokratieförderung und Regimewechsel – Die Zukunft des Westens

Macht – Konflikt – Krieg 71
Krieg als Normalität – Gewalt, Krieg und Politik – Kriegsmotive, Kriegstypen, Kriegsformen und Kriegsbilder – Neue, asymmetrische Kriege – Hybride Kriegführung

Rüstungstechnologische Neuerungen 89
Quantensprünge in der Rüstungstechnologie – Aktuelle rüstungsrelevante Technologiebereiche – Künstliche Intelligenz – Unbemannte militärische Systeme – Disruption – Hyperschallwaffen und Drohnen – Alte und neue Waffen

Krieg als Geschäft 115
Rüstungsindustrie und Rüstungshandel – Söldner und Kindersoldaten – Private Militärfirmen – »Privatarmeen« in Putins Russland – Warlords

Terrorismus und Krieg 137
Macht und Ideologie – Bürgerkrieg mit religiösem Hintergrund – Islamistischer Terrorismus – Geopolitik des Terrorismus – Terrornetzwerke weltweit – Innerislamische Feindschaften – Terroristische Kriegführung – Der globale Krieg gegen den Terrorismus

Kriegszone Naher Osten 159
Israelis und Palästinenser – Der Niedergang des Irak – Syrien und der Arabische Frühling – Jemen – Libysche Zerrüttungen – Der Angriff der Hamas

Kriege in Afrika 181
Konflikt-, Gewalt- und Kriegspanorama – Somalia, Eritrea und Äthiopien – Sudan am Abgrund – Instabile Sahelzone – Der Kongo und seine Nachbarn

Tragödie Afghanistan 203
Die Ziele des Westens – Das besondere Engagement Deutschlands – Zivil-militärische Defizite – Die Taliban – Taktik und Strategie der Taliban – Methoden der Aufstandsbekämpfung – Die internationale Dimension

Russlands Kriege 225
Die Tschetschenien-Kriege – Der Krieg mit Georgien – Annexion der Krim und der Krieg im Donas – In Syrien und Afrika – Der Überfall auf die Ukraine

Deutschland, Europa und die aktuellen Kriege 247
Ach, Europa – Kriege in der Nachbarschaft – Deutschland und der Ukraine-Krieg – Russland, die Hamas, Israel und wir – Deutschland – eine Friedensmacht?

Ausblick: Politische Herkulesaufgaben 265
Kriegsverhinderung – Eindämmung von Kriegen – Beendigung von Kriegen

Anhang 274

Prolog:
Krieg, Krieg, Krieg

Wer es heute wagt, in die Zukunft zu blicken, sieht düstere politisch-militärische Horizonte. Soziale und politische Polarisierungen haben in den letzten Jahren fast überall in der Welt zugenommen. Manche haben sich derart verschärft, dass die Konflikte in spontane oder organisierte Gewalt und Krieg eskaliert sind. Einige Machthaber drehen bewusst an der Eskalationsschraube und nehmen die Folgen in Kauf – Folgen, die nicht nur die eigene Gesellschaft betreffen, sondern auch andere. Krieg vernichtet Menschenleben und Lebensräume. Krieg bringt Elend über ganze Gesellschaften. Deren Neuaufbau nach Kriegsende bürdet den Überlebenden über Jahre hin enorme Anstrengungen auf. In allen Ländern prägen Schmerz und Trauer die Erinnerungen an vergangene Kriege. Auch dort, wo sie mit einem militärischen Sieg beendet wurden. Krieg – das Wort und die damit verbundenen Vorstellungen haben eine dunkle Aura. Dennoch hat in der Vergangenheit kaum etwas anderes den Verlauf der Menschheitsgeschichte so nachhaltig beeinflusst wie der Krieg in unterschiedlicher Gestalt.

Daran hat sich bis heute nichts geändert und vieles spricht dafür, dass sich auch künftig nichts daran ändern wird. Das 21. Jahrhundert begann, so hat es der britische Militärwissenschaftler Colin S. Gray ausgedrückt, als *another bloody century* – genauso von Kriegen geprägt wie die vorigen. Allerdings werden, so viel ist sicher, Kriege heute und in Zukunft auf andere Weise, mit anderen Waffen ausgefochten als noch im vergangenen Jahrhundert. Das lehrt uns die systematische Beschäftigung mit den Kriegen der letzten 25 Jahre. Auch wenn sich daraus in aller Vorsicht einige Entwicklungen für das Kriegsgeschehen und die Kriegführung in den vor uns liegenden Jahren ableiten lassen – sehr weit reicht ein präziser und zuverlässiger Blick in die Zukunft nicht. Realistische Prognosen sind allenfalls für zehn bis fünfzehn Jahre möglich. Und selbst innerhalb dieses Zeitrahmens kann es zu unvorhergesehenen Entwicklungen kommen.

Im Mittelpunkt dieses Buches steht der weite Bogen der Konflikt- und Kriegsentwicklung im 21. Jahrhundert, wie er sich bis heute darstellt. Weil die Kurve dieses Bogens bereits im 20. Jahrhundert beginnt, wird eingangs ein knapper Überblick über die wichtigsten Kriege zwischen 1914 und 2000 gegeben. In den folgenden Kapiteln kann es nicht um eine lückenlose Bestandsaufnahme aller bisherigen Kriege im 21. Jahrhundert gehen. Auch wird der Fokus nicht auf dem Militärischen liegen. Der Blick auf die Methoden der Kriegführung ist (selbstverständlich) für die Streitkräfte und ihr Führungspersonal von großer Wichtigkeit. Aber selbst sie dürfen den Zusammenhang nicht vernachlässigen, der zwischen ihren militärischen Missionen und deren politischem Bedingungsgefüge besteht.

Es ist absehbar, dass die vor uns liegenden Jahrzehnte von zahlreichen Konflikten geprägt sein werden. Viele davon haben das Potenzial, sich zu Brandherden von Kriegen zu entwickeln. So werden sich die Auseinandersetzungen um die für moderne Technologien unabdingbaren Rohstoffe verschärfen. Die lebenswichtige Ressource Wasser wird in vielen Regionen der Welt auf dramatische Weise knapper. Aus unterschiedlichen Gründen ausgelöste Migrationswellen (Krieg, Hunger, demografische Ungleichgewichte, Folgen des Klimawandels) bewirken an ihren Zielorten soziale und politische Spannungen. Ethnische und religiöse Spannungen können leicht in kollektive Gewalt eskalieren. Die Liste mit potenziell kriegsauslösenden Konflikten ist noch um einiges länger.

Vor 200 Jahren prägte Carl von Clausewitz (1780–1831) den Satz, der Krieg sei ein »wahres Chamäleon«. Clausewitz gehörte am Beginn des 19. Jahrhunderts dem Kreis der preußischen Militärreformer an. Sein Werk »Vom Kriege« gilt weltweit als Klassiker militärstrategischen Denkens. Im ersten Viertel des 21. Jahrhunderts trifft seine Kennzeichnung des Krieges noch mehr zu als für die Epochen davor. Das Kriegsgeschehen der Gegenwart umfasst höchst unterschiedliche Vorgänge: von den Anschlägen internationaler Terrorgruppen bis zu dem, oberflächlich betrachtet, »klassischen« Territorialkrieg Russlands gegen die Ukraine. Das Spektrum der Mittel, die heute im Kriegsgeschehen eine Rolle spielen, hat sich enorm verbreitet. Es reicht inzwischen weit über herkömmliche militärische Aktionen hinaus. Zuweilen scheint es nur um lokale und geografisch eng begrenzte gewalttätige Auseinandersetzungen zu gehen, deren Verbindung mit größeren Konfliktherden oft erst auf den zweiten Blick zutage tritt. Bei vielen Konflikten heizt die ökonomische und mediale Globalisierung die Auseinandersetzungen an, und so werden auch Menschen, die weitab von solchen Brennpunkten leben, mit den Auswirkungen konfrontiert. Manchmal, ohne dass sie die Zusammenhänge wirklich durchschauen können.

Um diese Zusammenhänge besser sichtbar zu machen, werden hier die brisantesten Konfliktregionen und die folgenschwersten gewaltsamen Auseinandersetzungen in der globalisierten Staatenwelt beschrieben und nach ihren Ursachen befragt. Eine geografische Konzentration war dabei aus pragmatischen Gründen nicht zu vermeiden. Auch wenn die Entscheidung schwerfiel, bleiben die ost- und südostasiatischen sowie die lateinamerikanischen Konfliktlandschaften weitgehend ausgespart.

Trotz aller Entwicklungen, die mit Begriffen wie Staatsabschwächung, Staatsversagen oder *Failed States* umschrieben werden, ist auch im 21. Jahrhundert die Staatenwelt die entscheidende Ebene für Krieg und Frieden geblieben. Allerdings sind viele Gewaltkonflikte und kriegerische Auseinandersetzungen nicht mehr auf die Territorien der direkt beteiligten Staaten begrenzt, sondern haben sich, zumindest was ihre Auswirkungen betrifft, quasi globalisiert. Sie sind keine Weltkriege, wie es die beiden großen Kriege in der ersten Hälfte des 20. Jahrhunderts waren, aber dennoch sind die wirtschaftlichen, politischen und humanitären Wirkungen lokaler Konflikte und Kriege fernab von ihrem Ausgangspunkt auf anderen Kontinenten spürbar.

Die große Variationsbreite der Kriegsformen und die Vielzahl der Optionen, sie zu kombinieren, macht es schwerer, erfolgreiche Rezepte für die Deeskalation von gewaltsamen Konflikten und ihre verlässliche Beendigung zu entwickeln und durchzusetzen. Die Bestimmungen des humanitären Völkerrechts und vereinbarte Waffenstillstände werden oft nicht respektiert. Der Begriff Friedensvertrag mutet heute wie ein Artefakt aus dem Museum der Vergangenheit an. Trotzdem und gegen alle wohlbegründete Skepsis wird es gerade im 21. Jahrhundert darum gehen, nicht zuletzt angesichts der vielen anderen Bestandskrisen des Zeitalters, Kriege zu deeskalieren und Übergänge zum Frieden zu finden und zu gestalten – und damit eine für die Menschen friedliche Zukunft jenseits von Gewalt und Zerstörung zu schaffen. Das ist eine Herkulesaufgabe, auf die wir schlecht vorbereitet sind.

Ausgangs- und Zielpunkt dieses Buches sind die folgenden Leitgedanken:

Trotz der »dunklen Aura« des Kriegs – die nicht in allen Kulturen gleich stark ausgeprägt ist – hat es in der Vergangenheit nie an Anlässen und Motiven gefehlt, mit organisierter Gewalt gegen echte oder vermeintliche Feinde vorzugehen. Das wird heute und in absehbarer Zukunft nicht anders sein.

Auch im 21. Jahrhundert ist Krieg meist die Fortsetzung politischen Handelns mit anderen, gewaltsamen Mitteln. Doch hat sich als Folge der technischen und sozialen Entwicklung die Bandbreite der Mittel erheblich vergrößert. So wie sich in Konfliktsituationen die Unterscheidung von »zivil« und »militärisch« teilweise aufgelöst hat, ist auch die

Grenze zwischen Krieg und Frieden aufgeweicht worden. In vielen Regionen ist der Krieg zum Dauerzustand und Frieden zur leeren Versprechung geworden.

Schon im 20. Jahrhundert haben Kriegsakteure nicht nur die Streitkräfte des Gegners, sondern zunehmend auch dessen zivile Einrichtungen ins Visier genommen und zu zerstören oder funktionsunfähig zu machen versucht. Diese Tendenz verstärkt sich weiter.

Angriffe auf zivile Einrichtungen werden heute nicht nur mit militärischen, sondern auch mit anderen Mitteln jenseits physischer Gewalt durchgeführt. Cyberattacken und eine Informationspolitik der *Deep Fakes* zur Lähmung der gegnerischen Infrastruktur werden Kriege im 21. Jahrhundert vorbereiten und begleiten.

Das Kriegsgeschehen der Gegenwart ist *all-inclusive*. Neben modernsten Waffen und Zerstörungsszenarien finden sich auch solche aus vergangenen Epochen. Je nach Lage können sie neu kombiniert und ausgebaut werden.

Lokale oder regionale Kriege haben Auswirkungen weit über das Kriegsgebiet hinaus. Selbst der absehbare teilweise Rückbau der Globalisierung wird daran kaum etwas ändern.

Die Zahl möglicher Kriegsparteien ist heute größer denn je. Ihr rechtlicher und politischer Status variiert beträchtlich. Die zeitweise propagierten Hoffnungen auf ein Verschwinden von Kriegen zwischen Staaten haben sich nicht erfüllt.

Die Regulierbarkeit von Kriegen war nie besonders groß. Auch im 21. Jahrhundert haben alle Bemühungen, Kriege durch rechtliche Vorschriften, Verträge und internationale Institutionen einzugrenzen, wenig erreicht.

Jeder Entschluss zum Angriffskrieg birgt das Risiko, diesen zu verlieren. Wie hoch dieses Risiko ist, lässt sich im Vorhinein schwer kalkulieren. Aber ein Blick in die Geschichte lehrt uns, dass Aggressoren dazu neigen, dieses Risiko als gering einzuschätzen oder zu verdrängen. Den Opfern von Angriffskriegen bleibt nur die Wahl zwischen Kapitulation und Gegenwehr.

Eine friedliche Welt gibt es auch im 21. Jahrhundert nicht und wird es nicht geben. Aber alle Anstrengungen zur Deeskalation von organisierter Gewalt und von Attacken aus dem Cyberraum, zur Vermittlung zwischen den Kriegsparteien und zur kompromissbereiten Abmilderung von Interessenkonflikten verdienen Respekt und Unterstützung. Mehr noch: Pragmatische Schritte zur Kriegseindämmung und -verhinderung sind die unabdingbare Voraussetzung dafür, Lösungen zu finden für die globalen Probleme der nächsten Generationen, über die viel gesprochen wird, die aber durch Kriege und ihre Begleiterscheinungen drastisch verschärft werden.

Kriege im 20. Jahrhundert

Kriege kommen nicht aus heiterem Himmel über die Menschen. Sie haben immer einen Vorlauf, in den allermeisten Fällen eine Konfliktgeschichte. Der berühmte Satz von Clausewitz, der Krieg sei die Fortsetzung der Politik unter Beimischung anderer – nämlich militärischer – Mittel, wird häufig nur als Klischee zitiert. Er ist aber mehr. Denn der Einsatz organisierter Gewalt erfolgt selten ohne darüber hinausreichendes Kalkül, wie falsch dies auch immer sein mag.

Im Kampfgeschehen eines Kriegs – früher hätte man gesagt: auf dem Schlachtfeld – stehen zwar militärtaktische und operationelle Entscheidungsgründe im Vordergrund. Aber in aller Regel entwickeln sich Kriege aus politischen Konflikten zwischen den Kontrahenten, weil diese bestimmte, einander ausschließende Ziele verfolgen und mehr oder weniger rational kalkulieren, dass die Kriegsgewinne die Kriegskosten definitiv überschreiten werden. Mit der Rationalität solcher Kalküle ist es oft nicht weit her, aber das ist in der Politik bekanntlich häufig der Fall. Nicht nur der Einsatz von Streitkräften zum Angriff oder zur Verteidigung wird von politischen Zwecken bestimmt. Jeder Krieg hat nachhaltige Auswirkungen auf die betroffenen Gesellschaften und ihre Politik, die selbst längere Zeit nach der Beendigung der militärischen Auseinandersetzungen Nachkriegspolitik bleibt.

Der Erste Weltkrieg

Nicht nur in Deutschland haben sich die Wunden und Schäden dreier »großer« Kriege der Vergangenheit, des Dreißigjährigen Kriegs (1618–1648), des Ersten Weltkriegs (1914–1918) und des Zweiten Weltkriegs (1939–1945), über Generationen hinweg in das kollektive Bewusstsein eingebrannt. Die Erinnerungen an den seinerzeit als besonders zerstörerisch erlebten Dreißigjährigen Krieg mit seinen noch lange spürbaren Folgen für die Menschen in Mitteleuropa sind inzwischen weitgehend in die Geschichtsbücher verbracht. Hingegen ist der Erste Weltkrieg noch präsent – in lebhaften Kontroversen der Historiker und in Romanen, Filmen und anderen kulturellen Zeugnissen. Im März 2023 etwa gewann der nach dem Roman von Erich Maria Remarque gedrehte deutsche Film »Im Westen nichts Neues« den Oscar als bester internationaler Film 2022.

Über die politischen Ursachen des Ersten Weltkriegs herrschen bis heute unterschiedliche Ansichten. Auch die Historiker sind sich nicht darüber einig, ob die europäischen Groß- und Mittelmächte in den Krieg »hineingeschlittert« oder ob einige von ihnen das Kriegsrisiko bewusst eingegangen sind. Beides muss sich im Übrigen nicht ausschließen. Weitgehende Einigkeit gibt es in der Frage, ob die politischen und militärischen Führungen der europäischen Mächte bei Kriegsbeginn zutreffende Einschätzungen vom Verlauf des Kriegs gehabt haben. Die Antwort ist uneingeschränkt: Nein, das hatten sie nicht. Dass es zu furchtbaren, sich ergebnislos immer länger hinziehenden Schlachten kommen würde, allen voran die bei Verdun von Februar bis Dezember 1916, davon hatten die Politiker und die Militärführung vor dem Krieg keine Vorstellung.

Zwischen 1914 und 1918 wurden etliche neue Waffensysteme und Vernichtungsmittel erprobt und systematisch in die Kriegführung einbezogen: Flugzeuge, U-Boote, Panzer, Giftgas. Zugleich weiteten alle beteiligten Mächte ihre Propagandaanstrengungen aus. Dieser Propaganda-Offensive verdanken die Massenkommunikationsmittel Radio und Film ihren Aufschwung. Außerdem setzte sich im Ersten Weltkrieg die Tendenz zur Einbeziehung *aller* gesellschaftlichen Bereiche in die Kriegsanstrengungen durch, von der Wirtschaft über die Kultur bis hin zur Wissenschaft.

Auch wenn die Zahlen letztlich nur Schätzungen sind – auf den Schlachtfeldern des Ersten Weltkriegs starben ungefähr 9,5 Millionen Soldaten. Darüber hinaus war der Tod von etwa 13 Millionen Zivilisten zu beklagen. Die Entwicklung, wonach die Zahl der Nicht-Soldaten unter den Kriegstoten die der Soldaten übersteigt, hat sich im 20. Jahrhundert weiter fortgesetzt. Nicht direkt vom Krieg verursacht, jedoch letztlich von ihm verstärkt, verbreitete sich zwischen 1918 und 1920 weltweit die Spanische Grippe, die bislang opferreichste Pandemie der Geschichte. Auch hier gibt es nur Schätzungen über die Zahl der von ihr dahingerafften Menschen. Laut Angaben von Experten handelte es sich um mindestens 20 Millionen Grippetote. Andere setzen diese Zahl fünfmal höher an.

Zwischenkriegszeit und Zweiter Weltkrieg

Die zwei Jahrzehnte zwischen dem Ende des Ersten und dem Beginn des Zweiten Weltkriegs waren alles andere als friedlich und stabil. In Russland und im östlichen Teil Europas zogen sich Bürgerkriege und gewaltsam aufgeladene Konflikte um die Verläufe der staatlichen Grenzen noch ein paar Jahre hin. In den 1930er Jahren kam es zu drei besonders folgenreichen Kriegen, deren Auswirkungen direkt oder indirekt in den Zweiten Weltkrieg mündeten und darüber hinaus spürbar blieben.

Im September 1931 begann die Annexion der Mandschurei durch Japan. Daraus entstand der zweite Japanisch-Chinesische Krieg zwischen 1937 und 1945. Zum Ende hin ging er in einen Bürgerkrieg in China über, der schließlich 1949 mit dem Sieg der Kommunisten unter Mao Tse-tung und der Flucht seines Gegenspielers Chiang Kai-shek und dessen Mitstreitern nach Taiwan endete. Der Konflikt zwischen der seither zu einer Weltmacht aufgestiegenen Volksrepublik auf dem chinesischen Festland und dem Inselstaat Taiwan könnte heute jederzeit in einen Krieg eskalieren.

Im Herbst 1935 überfielen Truppen des faschistischen Italien das nordafrikanische Kaiserreich Abessinien. Dabei kam auch Giftgas zum Einsatz. Der wenige Monate später vom italienischen Diktator Mussolini verkündete militärische Sieg verhinderte allerdings nicht die Fortsetzung der Kampfhandlungen als eine Art Guerillakrieg. Die Kämpfe dauerten bis 1941 an, dann wurden die italienischen Besatzer mithilfe britischer Truppen aus Abessinien (heute: Äthiopien) vertrieben.

Die dritte große kriegerische Auseinandersetzung der 1930er Jahre war der Spanische Bürgerkrieg von Mitte 1936 bis April 1939. Wegen der Beteiligung deutscher und italienischer Truppen auf der Seite General Francos und seiner Anhänger sowie zahlreicher in Internationalen Brigaden kämpfender Freiwilliger aus vielen Ländern (die sich freilich nicht immer auf ein gemeinsames Vorgehen einigen konnten) sowie der sowjetischen Unterstützung der republikanischen Kräfte gilt der Spanische Bürgerkrieg als eine Art Vorspiel zum Zweiten Weltkrieg.

Der begann mit dem Überfall Deutschlands auf Polen am 1. September 1939 als zunächst noch auf Europa konzentrierte Auseinandersetzung. Das nationalsozialistische Deutschland verfolgte zunächst das Ziel, sein Territorium nach Osten zu erweitern und die territorialen Verluste im Versailler Friedensvertrag von 1919 rückgängig zu machen. Dieses Vorgehen wurde durch einen Nichtangriffspakt mit der Sowjetunion (Hitler-Stalin-Pakt) wenige Wochen vor Kriegsbeginn abgesichert. Der Vertrag umfasste ein geheimes Zusatzabkommen über die Aufteilung Polens; mit seinem Abschluss verfolgten beide Parteien eigene Interessen. Er wurde am 22. Juni 1941 durch den Befehl Hitlers zum Einfall der Wehrmacht in die Sowjetunion zu Makulatur. Globale Ausmaße erreichte der Krieg am 7. Dezember 1941 mit dem japanischen Angriff auf den amerikanischen Stützpunkt Pearl Harbour. Von 1941 bis 1945 kämpften die »Achsenmächte« Deutschland, Italien und Japan gegen die alliierten Truppen Großbritanniens, der USA und der UdSSR; viele andere Länder wurden in diesen Krieg freiwillig oder unfreiwillig hineingezogen. In Europa endete er mit der Kapitulation Deutschlands am 8./9. Mai 1945. In der Pazifik-Region dauerte er bis zum 2. September 1945, als Japan, geschockt durch den Einsatz von zwei amerikanischen Atombomben auf Hiroshima am 6. und Nagasaki am 9. August 1945, jeden militärischen Widerstand aufgab.

Die Opferbilanz des Zweiten Weltkriegs ist entsetzlich. Die Sowjetunion verlor etwa 10 Millionen Soldaten und beklagte mehr als 14 Millionen zivile Opfer. 3,5 Millionen chinesische Soldaten und circa 16,5 Millionen Zivilpersonen starben. Die Wehrmacht verlor mehr als 5,5 Millionen Soldaten; in Deutschland starben zudem etwa 2,1 Millionen Zivilpersonen. Auch die Zahl der Kriegsopfer in anderen Ländern ist deprimierend hoch: Man geht heute von 60 bis 65 Millionen Toten durch direkte Kriegseinwirkungen aus. Diese Zahlen beruhen auf Schätzungen, aber vermutlich sind sie eher zu gering als zu hoch veranschlagt. Hinzu kommen die vielen Millionen Verwundeten, die aus ihrer Heimat Vertriebenen, die Kriegsgefangenen und die Opfer von Holocaust und Völkermord und anderen staatlichen oder nichtstaatlichen kriminellen Anschlägen – von den materiellen Schäden in den Kriegsgebieten oder an den jeweiligen Heimatfronten gar nicht zu reden.

Die totale Niederlage nach zwölf Jahren nationalsozialistischer Herrschaft, die Hälfte davon Kriegsjahre, hat schließlich bewirkt, dass Parolen wie »Nie wieder Krieg« hierzulande großen Widerhall fanden. Jedenfalls sollte, so die etwas unbeholfene Formel, »nie wieder Krieg von deutschem Boden ausgehen«.

Kriege nach 1945

Der Zweite Weltkrieg war weit davon entfernt, der »letzte Krieg in der Geschichte« zu sein. Kurze Zeit nach dem Sieg der Alliierten über die Achsenmächte erwuchs aus der Anti-Hitler-Koalition der Siegermächte USA, Großbritannien und Frankreich auf der einen und der Sowjetunion auf der anderen Seite eine erbitterte politische und wirtschaftliche Konkurrenz. Sie heizte einen Rüstungswettlauf an, insbesondere bei den nuklearen und anderen Massenvernichtungswaffen. Rasch verflogen alle Illusionen über eine friedliche Zukunft der zu »einer Welt« vereinten Nationen. Der Ost-West-Konflikt wurde zum bipolaren Strukturkonflikt der Weltpolitik und offenbarte rasch auch seine militärische Dimension. Sie zeigte sich unverhüllt im Korea-Krieg (1950–1953) und in den folgenden Jahrzehnten in Form von sogenannten Stellvertreterkriegen auf mehreren Kontinenten: bewaffnete Auseinandersetzungen, an denen sich die Führungsmächte des Ost-West-Konflikts nur indirekt beteiligten, zum Beispiel mit Waffenlieferungen und der Ausbildung von Soldaten.

Im Schatten des Ost-West-Konflikts verstärkte sich nach 1945 das Streben der Kolonien westeuropäischer Staaten nach politischer Unabhängigkeit. Antikoloniale Befreiungsbewegungen forderten die Kolonialmächte auch militärisch heraus – und setzten sich durch, oft nach erbitterten Kämpfen. Es bildete sich, beginnend 1955, in der Weltpolitik neben dem östlichen Lager um die Sowjetunion und dem westlichen Lager um die Vereinigten Staaten von Amerika als jeweiliger Führungsmacht die sogenannte Dritte Welt heraus. Vielen der unabhängig gewordenen ehemaligen Kolonien gelang allerdings der Übergang zu stabil geordneten Staatswesen nur schlecht oder gar nicht. Sie blieben in Territorial- oder Bürgerkriege verstrickt, in die sich die westlichen und östlichen Mächte aus unterschiedlichen Gründen weiter einmischten.

Im geteilten Nachkriegseuropa herrschte spätestens von 1947 an ein Kalter Krieg zwischen den mittlerweile verfeindeten Blöcken. Dabei fanden alle Mittel der Auseinandersetzung Verwendung – mit Ausnahme der direkten militärischen Konfrontation. Sowohl in Washington als auch in Moskau fürchtete man in einem solchen Fall die Eskalation in einen Nuklearkrieg. Seit den frühen 1960er Jahren konnte von einem »nuklearen Patt« oder einem »Gleichgewicht des Schreckens« zwischen Ost und West gesprochen werden, das, wenn auch auf recht ungemütliche Weise, den Ost-West-Konflikt stabilisierte. In der Berlin-Krise 1961 (Bau der Mauer) und der Kuba-Krise 1962 blieb die Eskalation in direkte militärische Konfrontation der »Supermächte« USA und UdSSR aus. Abwesenheit von Krieg – ja; aber alles andere als Frieden.

Zwischen 1965 und 1975 fand im geteilten Vietnam ein heftiger Krieg zwischen dem kommunistisch regierten Norden und dem von den USA politisch und militärisch unterstützten Süden statt. Er endete mit der Niederlage des antikommunistischen Regimes in Saigon, dem überstürzten Rückzug der amerikanischen Truppen und der Vereinigung Vietnams unter kommunistischer Herrschaft. Dadurch wurden viele antiwestlich eingestellte politische Gruppierungen in Asien, Afrika und Lateinamerika in ihrem militanten revolutionären Vorgehen ermutigt. Auch die in einen Völkermord an der eigenen Nation mündende Herrschaft der Roten Khmer in Kambodscha zwischen 1975 und 1979 war eine direkte Folge des Vietnamkriegs.

1989/90 gingen nach dem Niedergang des Kommunismus der Ost-West-Konflikt und der sich seit der Mitte der 1970er Jahre zeitweise entspannende Kalte Krieg zu Ende. Im Grunde war damit das »kurze 20. Jahrhundert« vorüber, das im Rückblick vieler Historiker mit dem Ersten Weltkrieg begonnen hatte. Beides, der Erste Weltkrieg und das Ende des Ost-West-Konflikts, stellen in der Tat tief reichende Zäsuren der Weltpolitik dar.

Das 20. Jahrhundert wurde durchgängig von kollektiver Gewalt und von Krieg geprägt. Alle Versuche von Staaten und ihren Regierungen, beides durch einvernehmlich akzeptierte Regelwerke, durch Kooperation und friedliche Kompromisse hinter sich zu lassen, führten nur ansatzweise zu Erfolgen. Der Völkerbund vermochte nicht, den Zweiten Weltkrieg zu verhindern. Und die 1945 gegründeten Vereinten Nationen blieben im Kalten Krieg weitgehend gelähmt. Es erscheint hochgradig paradox, aber die prekäre Bedrohungslage im Ost-West-Konflikt wirkte sich in Europa zugleich auch kriegsverhindernd aus.

Enttäuschte Friedenshoffnungen nach 1990

Viele Zeitgenossen des Umschwungs in der internationalen Politik erwarteten oder erhofften zumindest, dass nach 1990 eine neue, friedliche und weniger bedrohliche Zeit anbrechen würde. Die Grundsätze und Leitlinien der westlich-liberalen Weltordnung, so die Vorstellung, würden die Interessenunterschiede von Staaten und Gesellschaften durch zielgerichtetes Verhandeln ausgleichen können. Streitkräfte würden nur noch für »weltpolizeiliche« Aufgaben benötigt, über die im Sicherheitsrat der Vereinten Nationen einvernehmlich entschieden würde. Im Herbst 1992 machte in Deutschland ein flapsiger Satz des damaligen Verteidigungsministers Volker Rühe als geflügeltes Wort die Runde: Das Land sei »von Freunden umzingelt«. Wer die Dinge so sah, legte keinen großen Wert mehr auf zahlenmäßig starke Streitkräfte, und so sollte der im Zuge der Wiedervereinigung durch die Übernahme der Nationalen Volksarmee der DDR zunächst angewachsene Personalbestand bei der Bundeswehr abgebaut werden. Die Truppe sollte sich künftig primär auf stabilisierende Maßnahmen in Krisenregionen und Friedensmissionen vorbereiten.

Diese in vielen westlichen Staaten gehegte optimistische Vorstellung von einer künftigen Weltordnung, in der es allenfalls ausnahmsweise zu gewaltsamen Konflikten kommen würde, beruhte von Anfang an auf Selbsttäuschung und Wunschdenken. Schon die frühen 1990er Jahre nämlich waren geprägt von Kriegen. Der erste begann zeitgleich mit dem Ende des Ost-West-Konflikts. Am 2. August 1990 marschierten irakische Truppen in Kuweit ein und annektierten das Land völkerrechtswidrig trotz internationaler Proteste. Der Sicherheitsrat der Vereinten Nationen erteilte daraufhin ein Mandat für den militärischen Einsatz der Streitkräfte einer internationalen Staatenkoalition unter Führung der USA. Deren Sieg über die irakischen Truppen Ende Februar 1991 stellte zwar die territoriale Unabhängigkeit von Kuweit wieder her. Frieden brachte er jedoch nicht. Im Gegenteil – dieser Teil des Nahen Ostens ist bis heute eine Konfliktregion geblieben, in der anhaltend Gewalt herrscht.

In den Folgejahren kam es zu Gewaltausbrüchen auf verschiedenen Kontinenten; viele davon in Afrika. Dabei handelte es sich meist um Bürgerkriege, etwa in Somalia, Liberia, Sierra Leone und dem Kongo. Der schrecklichste, der Krieg zwischen den verfeindeten Volksgruppen der Tutsi und Hutu in Ruanda, eskalierte 1994 in wenigen Wochen zum Völkermord mit fast einer Million ermordeter Tutsi. Andere Kriege wurden auf dem Gebiet der früheren Sowjetunion ausgefochten.

All das hätte schon genügen können, um die Friedenshoffnungen nach 1990 als Illusionen zu erkennen. Zusätzlich kam es auch in Europa in den 1990er Jahren zu einer Reihe von Kriegen, die den Zerfall Jugoslawiens bewirkten. Gegen diese Entwicklung sträubte sich mit allen Mitteln die serbische Führung in Belgrad, konnte das Auseinanderbrechen der jugoslawischen Föderation jedoch nicht verhindern. Die Kriege um die Unabhängigkeit Sloweniens (1991), Kroatiens (1991–1995), Bosnien-Herzegowinas (1992–1995) und des Kosovo (1998–1999) fanden aus deutscher (und österreichischer) Sicht unmittelbar »vor der eigenen Haustür« statt. Diese Wahrnehmung unterschlug die vielfältigen

Die Rückkehr des Kriegs nach Europa: Zerstörungen in Mostar in Bosnien-Herzegowina, 1992

Auswirkungen dieser Kriege auch auf andere westeuropäische Gesellschaften. Außerdem offenbarte sich hier die Kraftlosigkeit der diplomatischen und militärischen Institutionen Europas. Weder die sich als großregionale Führungsmächte verstehenden westeuropäischen Staaten Frankreich, Großbritannien und – eher schwankend – das wiedervereinigte Deutschland, noch die Europäische Union mit ihrer Gemeinsamen Außen- und Sicherheitspolitik (GASP), schon gar nicht die Organisation für Sicherheit und Zusammenarbeit in Europa (OSZE), deren Ursprünge noch in der Zeit des Kalten Krieges liegen, konnten die Eskalation dieser »neuen« Kriege eindämmen.

Aufmerksame Beobachter in Deutschland bezeichneten das Kriegsgeschehen auf dem Balkan als »Rückkehr des Krieges nach Europa« (Eckart Conze) und diskutierten die Frage, welche Konsequenzen aus dieser Entwicklung zu ziehen seien. Es gelang jedoch nicht, die weit verbreitete und im kollektiven Bewusstsein tief verankerte Abneigung gegen eine ernsthafte und offene Beschäftigung mit kollektiver Gewalt und Krieg zu überwinden – und etwa die eigene militärische Verwundbarkeit kühl zu analysieren. Wer das unternahm, stand schnell im Verdacht, ein »Bellizist« zu sein.

Kriege der Gegenwart

Nachdem fast ein Viertel des 21. Jahrhunderts vergangen ist und Russlands Absicht, sich die Ukraine einzuverleiben, sich über mehrere Jahre immer weiter zugespitzt hat, ist nicht mehr zu übersehen: Krieg gehört nicht nur anderswo zum Alltag, sondern auch in Europa. Nicht überall in gleicher Weise und jederzeit, aber doch so, dass seine Auswirkungen überall spürbar sind. In einer globalisierten Welt lassen sich die politischen, wirtschaftlichen und oft auch die militärischen Auswirkungen des Kriegsgeschehens nur schwer eingrenzen. Ganz abgesehen davon, dass manche Kriegsparteien das gar nicht wollen.

Die Wende vom 20. zum 21. Jahrhundert bedeutet also keine tiefe Zäsur in der Geschichte von Kriegen. Das

»große« Kriegsbild hat sich zunächst nicht dramatisch verändert. Dennoch aber hat insbesondere ein Ereignis zu Anfang des 21. Jahrhunderts den Blick auf bis dahin eher verdeckt gebliebene Horizonte organisierter Gewalt freigegeben und eine Reihe von Kriegen ausgelöst oder neu entfacht. Dieses Ereignis war der lange und sorgfältig geplante Terrorangriff durch ein Kommando des islamistischen Terrornetzwerks al-Qaida auf das World Trade Center in New York und das Pentagon in Washington am 11. September 2001. Die Mehrzahl der Kriege im folgenden Jahrzehnt kann man zwar kaum als Etappen im von den Vereinigten Staaten als Antwort auf 9/11 ausgerufenen globalen Krieg gegen den Terrorismus (*Global War on Terrorism, GWOT*) ansehen. Trotzdem begannen Vorstellungen von einem international lose vernetzten, islamistisch motivierten und dezidiert antiwestlichen Terrorismus als Grundgefahr für die Stabilität der liberalen Weltordnung den Kriegsdiskurs zu bestimmen – und zwar auf politischer, militärstrategischer, rüstungstechnologischer und taktisch-operationeller Ebene.

Bei näherer Betrachtung stellte sich allerdings bald heraus, dass die Konfliktursachen, die Antriebsfaktoren der staatlichen und nichtstaatlichen Gewaltakteure, deren Ziele sowie die Intensität der Kriegführung von Region zu Region, ja von Einzelfall zu Einzelfall voneinander abweichen. Die Konzentration auf die militärische Bekämpfung terroristischer Gruppen wie al-Qaida, Boko Haram oder später Islamischer Staat und die auf der Grundlage des siegreichen Einsatzes militärischer Macht begonnenen Konzepte für den (Wieder-)Aufbau von staatlichen Strukturen, bei denen politische mit militärischen Anstrengungen kombiniert wurden, erbrachten nur oberflächliche Erfolge, zum Beispiel im Irak und in Afghanistan. 2014 eröffnete die russische Besetzung der Krim eine neue Perspektive auf die von vielen eigentlich schon als überwunden geglaubten Kriege zwischen souveränen Staaten.

Staaten, Globalisierung und lokale Kriege

Unsere Vorstellungen vom Gefüge und den Abläufen gegenwärtiger internationaler Politik werden von dem Bild eines engmaschigen Beziehungsgeflechts zwischen unterschiedlichen Akteuren geprägt. Unter der Vielzahl von Gruppen, Kollektiven und Organisationen, die hier mit-, gegen- oder unabhängig voneinander handeln, um ihre jeweiligen Interessen durchzusetzen, kommt den modernen Staaten eine entscheidende Bedeutung zu.

Das Verständnis davon, was einen Staat ausmacht, hat sich in der Geschichte immer wieder den jeweiligen geografisch-politischen und kulturellen Bedingungen angepasst. Die Variationsbreite reicht von kleinen Stadtstaaten bis zu Imperien mit riesiger Ausdehnung. Der Typus des modernen Staates hat sich in der frühen Neuzeit herausgebildet, und mit ihm auch das moderne Staatensystem.

Mitentscheidenden Anteil an diesem Prozess hatten das Auseinanderrücken der Sphären von Politik und christlicher Religion, der Expansionsdrang europäischer Staaten in bis dahin unbekannte (»unentdeckte«) Länder auf anderen Kontinenten, in denen großer Reichtum vermutet wurde, und die Durchsetzung rechtlicher Regeln sowohl im Inneren als auch für den Umgang der Staaten miteinander.

Der moderne Staat definiert sich über seine Macht zur Steuerung der auf seinem Territorium lebenden Menschen. Dazu gehören in erster Linie der Anspruch auf das Monopol organisierter physischer Gewalt, wofür er Polizei und Streitkräfte unterhält, der Anspruch auf das Monopol zur Erhebung von Steuern und schließlich der Anspruch auf das Monopol bei der Gestaltung und Überwachung der Rechtsordnung. Die Stabilität des Staates beruht zuvörderst darauf, dass und wie diese drei Ansprüche durchgesetzt werden können. Sie bleibt immer prekär.

Das moderne Staatensystem basiert auf der wechselseitigen Anerkennung der Staaten untereinander und der prinzipiellen Zustimmung zu bestimmten Umgangs- und Verhaltensregeln, die unter anderem im Völkerrecht festgeschrieben sind. Dazu gehören etwa die Vorschriften über die Spielräume der zwischenstaatlichen Diplomatie und Regeln über erlaubtes und verbotenes Verhalten in zwischenstaatlichen Kriegen (humanitäres oder Kriegsvölkerrecht). Die Zahl der Bestimmungen des Kriegsvölkerrechts ist während der letzten drei Jahrhunderte erheblich angestiegen – wie auch die Opferzahlen von Kriegen.

Im 20. Jahrhundert ist zwei Mal der Versuch unternommen worden, den Krieg als Mittel der Politik zu verbieten. Die Charta der Vereinten Nationen verbietet in Artikel 2 die Anwendung und ebenso die Androhung von Gewalt. Anders gesagt: Ein militärischer Angriff ist verboten. Wenn er aber doch erfolgt, hat der Angegriffene das Recht zur Selbstverteidigung. Die Vereinten Nationen und auch keine andere politische Instanz im internationalen System der Gegenwart verfügen über die Fähigkeit, das Aggressionsverbot wirksam durchzusetzen.

Staat und Souveränität

Es ist der moderne Staat, der im Mittelpunkt aller Bemühungen zur Regulierung von Gewalt steht. Er soll soziale, wirtschaftliche und militärische Sicherheit schaffen. Alle Regelungen, die damit zusammenhängen, sind letztlich auf Staaten und ihre Regierungen bezogen, völlig unabhängig von der spezifischen Staatsform und Art der Legitimation ihrer jeweiligen Regierung. Diese zentrale Position drückt sich aus in einem rechtlichen und politischen Alleinstellungsmerkmal von modernen Staaten, ihrer doppelten Souveränität.

Das Konzept der Souveränität beruht auf der Erkenntnis, dass jede sich als politisch eigenständig verstehende Gesellschaft eine oberste Autorität benötigt, weil nur so diese Gesellschaft auf längere Dauer ihre innere Stabilität aufrechterhalten kann und die Chance hat, sich im Umgang mit anderen Staaten zu behaupten (Souveränität nach außen). Ohne eine solche höchste Autorität gäbe es keine soziale und politische Kontinuität und keinen gesellschaftlichen Zusammenhalt. Ohne die Kraft zur Durchsetzung der Regeln des Zusammenlebens oder gar bei ungeregelten Beziehungen zwischen Individuen, Gruppen und größeren politischen Einheiten stünde der Staat ständig in der Gefahr zu implodieren.

Die Konstruktion einer höchsten Autorität innerhalb eines Territoriums (Souveränität nach innen) wird komplettiert durch die äußere Souveränität als verfassungsmäßige Unabhängigkeit. Deren Kern bildet der Anspruch darauf, dass sich andere Staaten nicht in die eigenen inneren Angelegenheiten einmischen. Damit erkennt der Staat zugleich seine Verpflichtung an, mit den ihm zur Verfügung stehenden Mitteln die Staatsbürger gegen Aggressionen von außen zu schützen.

Im Lauf der historischen Entwicklung haben sich die Vorstellungen über die Grundlagen und die Ausprägung von Souveränität gewandelt. Waren zunächst noch teils religiös legitimierte Dynastien Inhaber der Souveränität, ging sie seit dem späten 18. Jahrhundert auf das Staatsvolk selbst über. Seither wird Volkssouveränität als nationale Selbstbestimmung verstanden, die sich im Idealfall in demokratischen Institutionen wie vor allem dem allgemeinen Wahlrecht verwirklicht. Aber auch Diktaturen präsentieren sich ihren Bürgern und der Außenwelt als beauftragte Vertreter der Volkssouveränität. Sie sind dabei sogar vielfach erfolgreich – mittels Propaganda, Repression und manipulierter Wahlen.

Militärische Globalisierung

Parallel zur weltweiten Expansion des ursprünglich (nur) europäischen Systems der internationalen Beziehungen war das Phänomen zu beobachten, dass der Kriegsraum, also das Territorium, auf dem ein Krieg stattfand, sich ebenfalls immer mehr erweiterte. In der ersten Hälfte des 17. Jahrhunderts entwickelte sich aus einem Konflikt zwischen Protestanten und Katholiken in Böhmen der Dreißigjährige Krieg unter Beteiligung zahlreicher europäischer Souveräne. Manche Historiker erkennen in den miteinander verknüpften bewaffneten Konflikten und Revolutionen vom Ende des 18. und beginnenden 19. Jahrhunderts bereits die Vorform eines Weltkriegs. Denn die staatlichen und anderen Akteure auf den Kriegsschauplätzen verschiedener Kontinente, mochten sie auch in ihrer Selbstwahrnehmung jeweils nur lokal begrenzte Ziele verfolgen, lassen sich doch in den Rahmen einer mal schwächer, mal stärker ausgebildeten globalen Interaktion einordnen. Im Lauf des 19. Jahrhunderts nahm die Verkettung von immer mehr Volkswirtschaften, sowohl in den sich mit hoher Dynamik industrialisierenden Ländern Europas als auch in deren Kolonien, weiter zu. Imperialistische Konkurrenzen feuerten politische und kulturelle Konflikte an – zu beobachten gerade vor den beiden Weltkriegen, welche die erste Hälfte des 20. Jahrhunderts kennzeichneten. Im Grunde kann man sie unter Einbeziehung der nur gut 20 Jahre währenden Zwischenkriegszeit sogar zusammenfügen und als einen zweiten Dreißigjährigen Krieg (1914–1945) bezeichnen. Anders als im 17. Jahrhundert spielte er sich dieses Mal nicht mehr nur auf einem einzigen Kontinent ab.

Globalisierung ist ein nicht genau umrissener Begriff, der im Zentrum zahlreicher mehr oder weniger voneinander abweichender Wortbestimmungen und Theorien steht. Hier soll unter Globalisierung ein Vorgang verstanden werden, in dessen Verlauf sich die zunächst vor allem auf den europäischen Kontinent beschränkten wirtschaftlichen, politischen und kulturellen Beziehungsnetze über den gesamten Globus ausgedehnt haben. Dadurch wurden die privaten, beruflichen und öffentlichen Lebenswelten von immer mehr Menschen mindestens indirekt, oft jedoch direkt miteinander verknüpft – und zwar nicht völlig, aber doch weitgehend unabhängig von dem Ort, an dem sie leben.

Positive Interpretationen von Globalisierung besagen, die Erde habe sich in ein »globales Dorf« verwandelt oder sei dabei, es zu tun. In eher pessimistischen Betrachtungsweisen facht die Globalisierung Konflikte und Kämpfe zwischen Staaten und Kulturen an, die in früheren Zeiten weitaus weniger Kontakte miteinander hatten. Diese Sichtweise scheint mir die angemessenere zu sein. Antriebsmomente der Globalisierung waren und sind technologische Entwicklungen, insbesondere im Verkehrswesen und in der Informationsübermittlung. In ihrer Summe bewirken sie, dass geografische Entfernungen rascher überwunden werden können, dass Räume »schrumpfen«, dass global ausgreifende Finanzaktionen ohne Zeitverlust vonstattengehen können und dass naturgegebene und von Menschen gezogene Grenzen zwischen Ländern einen großen Teil ihrer Abgrenzungskraft verlieren.

Im Rückblick wird deutlich, dass der Kolonialismus ein höchst wirkungsvoller und folgenreicher Beschleunigungsfaktor der Globalisierung war. Aus einem Geflecht von Entdeckerfreude, wirtschaftlichen Interessen, religiösen und weltlich-kulturellen Missionsansprüchen entstand mit der Zeit ein transkontinentaler imperialistischer Wettstreit europäischer Mächte, die untereinander heftig und nicht zuletzt auch mit militärischen Mitteln konkurrierten. Für ihre Konflikte, die sich nicht selten zu Kriegen auswuchsen, gab es zwei Schauplätze: einmal in Europa selbst und zweitens in den umkämpften Kolonien. Dort allerdings ging es auch immer um die Unterwerfung der einheimischen Bevölkerung und die Bekämpfung von Aufständen. Von diesen Formen der Kriegführung zieht sich eine Traditionslinie über die antikolonialen Befreiungskämpfe im 20. Jahrhundert bis zu den heutigen gewaltsamen Auseinandersetzungen auf den Territorien der früheren Kolonien in Afrika, Asien und Lateinamerika.

Auch wenn es für viele der in den Kolonien ausgefochtenen Kriege lokale Ursachen gab, waren diese doch immer auch eingebunden in einen größeren politischen Zusammenhang. Anders gesagt: Die Globalisierung hatte von Anfang an auch eine militärische Dimension.

Auf der Ebene der Politik sind Streitkräfte ein Mittel zur Durchsetzung bestimmter Ziele. Globalisiert sich der Gesichtskreis der Politik, werden entsprechend auch die Einsatzhorizonte der Streitkräfte über Länder und Kontinente ausgedehnt. Konzentriert man den Blick auf die Organisation von Streitkräften und ihre Entwicklungen, drängt sich eine zweite Version des Begriffs der militärischen Globalisierung auf. Die entscheidenden Fähigkeiten von Streitkräften, Feuerkraft und Bewegung, wurden im 19. und 20. Jahrhundert in zuvor unvorstellbarer Weise erweitert und ausgebaut. Unter Bewegung fallen die Schnelligkeit und Reichweite, mit der Truppen Räume überwinden können, um am Zielort zum Einsatz zu kommen. Bei der Feuerkraft geht es um die Reichweite, Zerstörungskraft und Zielgenauigkeit beim Einsatz von Waffensystemen. Die Industrialisierung erfasste sofort auch die Rüstungstechnologie, auf manchen Gebieten waren durch staatliche Investitionen vorangetriebene rüstungstechnologische Innovationen sogar die Vorhut ziviler Technologien.

Auch ohne Exkurs in die Geschichte der Rüstungsentwicklung fällt auf, dass in das Transportwesen der Streitkräfte immer mehr Diversität Einzug hielt. Darüber hinaus wurden die Reichweite und Zerstörungskraft bestimmter Waffensysteme größer und größer. Zugleich wurde deren Treffgenauigkeit über immer größere Entfernungen immer weiter optimiert.

Die Entwicklung von Nuklearwaffen und Trägerraketen mit im Prinzip erdumspannender Reichweite ist das bekannteste (und am meisten Schrecken auslösende) Beispiel für militärische Globalisierung. Es besteht heute grundsätzlich die Möglichkeit, jeden Punkt der Erde von jedem anderen, und sei es dem am weitesten entfernten, mit Waffengewalt zu treffen. Die Rüstungskontrollvereinbarungen über die Ausklammerung des Weltraums aus dem Rüstungsgeschehen haben nicht verhindert, dass schon längst eine weiter fortdauernde Militarisierung des Alls begonnen hat.

Staatsabschwächung

Theoretisch ist das Konzept der Souveränität einleuchtend. Doch zeigt ein Blick auf das politische Geschehen, dass es große Unterschiede zwischen starken und stabilen Staaten auf der einen Seite und schwachen und im Innern ungefestigten Staaten auf der anderen gibt. Der staatliche Anspruch auf das Monopol organisierter physischer Gewalt kann oft nicht eingelöst werden. Was die Außenbeziehungen betrifft, so mischen sich starke Staaten oft genug offen oder verdeckt in die inneren Angelegenheiten schwächerer Staaten ein, ohne dass diese in der Lage wären, derlei wirksam zu verhindern. Es gibt vielfältige Formen und sehr unterschiedliche Typen von Staaten. Dass sie alle formal souverän sind, bewirkt keineswegs machtpolitische Gleichheit.

Knapp 200 Staaten sind derzeit Mitglied der Vereinten Nationen. Darüber hinaus gibt es noch einige Staatsgebilde mehr, deren Selbstständigkeit aber nicht von allen anderen anerkannt wird. Zwei potenziell besonders konfliktträchtige Beispiel sind dabei Taiwan, dessen Territorium von der Volksrepublik China beansprucht wird, und Palästina. Außerdem gibt es ethnische Gruppen, die seit Längerem vergeblich ihre Eigenstaatlichkeit erstreben, wie etwa die Kurden. Von jedem dieser Beispiele geht gegenwärtig und in naher Zukunft die Gefahr militärischer Konflikte aus.

Immer wieder kam und kommt es weltweit zu Bürgerkriegen und Aufständen, ein Zeichen für die Schwierigkeit, politische und gesellschaftliche Stabilität innerhalb von Staaten herzustellen oder aufrechtzuerhalten. An solchen Ereignissen waren und sind oft direkt oder (meist) indirekt andere Staaten mit eigenen Interessen beteiligt. Dennoch blieb das Kriegsgeschehen bis weit in das 20. Jahrhundert hinein überwiegend von der Konfrontation zwischen Staaten und ihren Streitkräften gekennzeichnet. Schon in dessen letztem Drittel zeichnete sich jedoch eine Verschiebung ab, zählten doch die Institute für Friedens- und Kriegsursachenforschung immer weniger bis dahin als »normal« geltende Kriege zwischen Staaten. Diese Entwicklung war aber kein Ausdruck einer sich weltweit ausbreitenden Friedfertigkeit. An die Stelle zwischenstaatlicher Kriege traten mehr und mehr solche, an denen vornehmlich nichtstaatliche Akteure beteiligt waren. Die herrschende Elite mancher Staaten samt den von ihnen unterhaltenen regulären (nationalen) Streitkräften sahen sich plötzlich in Gewaltkonfrontationen verwickelt, in denen ihre Gegner entweder selbst die Staatsgewalt übernehmen oder die Abspaltung und Unabhängigkeit eines Landesteils erreichen wollten.

Gegen Ende des »kurzen« 20. und zu Beginn des 21. Jahrhunderts registrierten Beobachter der Weltpolitik einen Verfallsprozess der bisherigen Säulen der Stabilität in den internationalen Beziehungen. Im Mittelpunkt dieser von den einen begrüßten, von anderen gefürchteten Veränderung stand die Institution des modernen Staates, in anderer Terminologie: des Nationalstaates. Sogar die in ihrem Selbstverständnis starken und handlungsmächtigsten Staaten wie etwa die USA mussten erfahren, dass die Zeichen der Zeit auf Staatsabschwächung hindeuten. Dafür sind vor allem drei Faktoren verantwortlich:

Einer der wichtigsten Antriebsmomente für diese Entwicklung ist die schon angesprochene Globalisierung, vorangetrieben von rasanten Entwicklungen in der Kommunikationstechnologie und besonders vom Aufstieg des Internets als einer Möglichkeit, Informationen weltweit ohne Zeitverzögerung zu verbreiten. Mögen über die positiven und negativen Folgen dieser Innovation sehr unterschiedliche Einschätzungen herrschen, eines ist unbestreitbar: Das Internet beeinträchtigt massiv die Steuerfähigkeit der Staaten, etwa in der Finanz- und Industriepolitik. Außerdem macht die Globalisierung staatliche Grenzen durchlässiger – weniger für Menschen, vor allem für Waren und Informationen. Im Ergebnis verringern sich staatliche Handlungsmöglichkeiten.

Ein weiterer Faktor, der auf eine Staatsabschwächung hinwirkt, ist das Erstarken des politischen Islam, der in verschiedene, einander feindlich gesonnene Denominationen aufgespalten war und ist. Als gemeinsamer Hauptfeind gelten im islamistischen Selbstverständnis allerdings die westliche Zivilisation und ihre Repräsentanten. Die Führungen von Staaten wie Saudi-Arabien sind durchaus an guten Beziehungen zu westlichen Staaten interessiert, nicht zuletzt aus ökonomischen Gründen. Das schließt allerdings indirekte und zuweilen sogar direkte Kontakte zu militant-fundamentalistischen Terrorgruppen wie al-Qaida nicht aus. Die Reaktionen der von solchen internationalen Terrorgruppen mit Anschlägen (wie etwa besonders dramatisch am 11. September 2001) attackierten westlichen Staaten waren teils hilflos, teils überzogen, und sie setzten falsche weltpolitische Akzente. Gerade dort, wo entschlossene Stärke demonstriert werden sollte, enthüllten sie unfreiwillig innere Unstimmigkeiten der westlichen Politik. So machten das ursprünglich auf die Verfolgung der Führung von al-Qaida gerichtete Eingreifen des Westens in Afghanistan (2001–2021) und die Intervention einer westlichen Ad-hoc-Koalition im Irak (2003–2011) drastische Ungereimtheiten der westlichen Ordnungspolitik deutlich und trugen erheblich zur Schwächung westlicher Positionen bei. Die grenzüberschreitend organisierten islamistischen Terrorgruppen gefährdeten – nicht ausschließlich, aber in der Hauptsache – westliche Staaten und ihre Verbündeten in anderen Regionen.

Das Ende des Ost-West-Konflikts war zudem der Beginn einer Entwicklung, in der multi-ethnische Staaten an innerem Zusammenhalt einbüßten, weil nationale Minderheiten mit neuem Nachdruck ihre politische Unabhängigkeit oder zumindest mehr Autonomie anstrebten. Manchmal verlief dieser Prozess friedlich, häufig aber auch nicht. In der Folge kam es zu Sezessions- und Zerfallskriegen wie im ehemaligen Jugoslawien. Ethnische Konflikte in vielen Regionen der Welt destabilisierten die betroffenen Staaten, von denen manche sogar zu *Failed States* wurden. Folgeprobleme wie die massenweise Migration schwächten die internationale Ordnung. Damit wurden gewaltsame Konflikte und Kriege in manchen Regionen zu einem Dauerzustand.

Räume geronnener Gewalt

Die Kriege der Vergangenheit und Gegenwart verteilen sich nicht gleichmäßig über den Erdball. Vielmehr gibt es Regionen, die sich über Jahrzehnte und Jahrhunderte zu Heimstätten von gewaltsamen Auseinandersetzungen entwickelt haben. Hier verheilen die Wunden früherer Gewalt nicht, sie werden immer wieder neu aufgerissen. Geprägt wurden solche Räume in manchmal gleichen oder ähnlichen, manchmal ganz unterschiedlichen Konfliktkonstellationen – seien es Bürgerkriege herkömmlicher Art, Massaker oder Pogrome, die auf die »ethnische Säuberung« des beanspruchten Territoriums gegen Minderheiten zielen, religiöser Fanatismus, kriminelle Bandenkriege oder pannationalistisch motivierte revisionistische Aggressionen. Die Gewalt scheint sich in solchen Regionen fest eingenistet zu haben.

Wie es dazu kommt, lässt sich nicht einfach beantworten. Das liegt daran, dass, um ein bekanntes Tolstoi-Zitat abzuwandeln, alle friedlichen politischen Verhältnisse einander gleichen, aber alle gewalttätigen Zustände sich auf je eigene Weise entwickelt haben.

Beispiele dafür, die im 21. Jahrhundert nicht weniger aktuell sind als im vergangenen, gibt es viele: etwa die tief in das kollektive Bewusstsein der Menschen in solchen Räumen eingesickerten Fundamentalfeindschaften zwischen benachbarten Völkern wie etwa in der Balkanregion, die sich mit wenigen propagandistischen Manipulationen immer wieder neu aktivieren lassen; die Langzeitfolgen der Konkurrenz von Stalinismus und Nationalsozialismus im durch langjährige nationalistische Feindschaften gezeichneten Ost- und Ostmitteleuropa; der erbitterte und nie für längere Zeit eindeutig entschiedene, deshalb immer von Neuem ausgefochtene Streit um regionale Vorherrschaft wie im Nahen Osten; kulturelle Traditionen von Ehre und Kämpfertum, die wie in Afghanistan die Überwindung territorialer Zersplitterung verhindern; die Gewaltkonflikte neu anfachenden Grenzverläufe, die Kolonialmächte auf dem afrikanischen Kontinent willkürlich durchgesetzt haben; oder die aus verfestigten Konflikten zwischen indigenen und später angesiedelten Bevölkerungsgruppen und

Sklaven des modernen Kriegs: Ein Kindersoldat im »Zweiten Kongokrieg« (1998–2003) in der Demokratischen Republik Kongo

die auf tiefen sozialen Verwerfungen beruhende Friedlosigkeit in großen Teilen Lateinamerikas.

In jeder dieser Regionen ist Gewalt endemisch, gehören Kriege und ihre Begleiterscheinungen seit Generationen zu den Lebenserfahrungen der Menschen. Die Bereitschaft zur Anwendung von Gewalt kann leicht mobilisiert werden. Dabei spielen die modernen massenwirksamen Kommunikationsmittel wie das Radio, das Fernsehen und seit zwei, drei Jahrzehnten die »sozialen Medien« und das Internet

eine entscheidende Rolle. Kriegführung im 21. Jahrhundert
– das ist auf der einen Seite zum Metier hochprofessioneller Spezialisten geworden, weil die moderne Rüstungstechnologie so überaus komplex ist. Wer diese Waffensysteme bedient, hat in der Regel eine lange Spezialausbildung durchlaufen. Bei einigen dieser Waffensysteme liegen Tausende von Kilometern zwischen den Militärs, die sie bedienen, und dem eigentlichen Einsatzort.

Auf der anderen Seite aber kämpfen in den Kriegen der Gegenwart auch ad hoc mobilisierte Zivilisten. Besonders erschreckend ist das Phänomen der zwangsrekrutierten Kindersoldaten. Kinder und Jugendliche werden in eine gewaltgetränkte Lebenswelt hineingezogen, die sie traumatisiert und aus der sie nur mit allergrößten Mühen wieder herausfinden können.

Anders als früher weisen spätestens im 21. Jahrhundert lokale und regionale Gewaltausbrüche immer einen globalen Aspekt auf. Der Ausdruck horizontale Eskalation meint, dass lokale und regionale Kriegsakteure ihre Gewalt an andere Plätze der Welt exportieren können. Das haben terroristische Gruppen wie al-Qaida oder der Islamische Staat vorexerziert.

Der Westen und die anderen

Wer seine Interessen und Ziele mit militärischer Gewalt durchsetzen will und in Kauf nimmt, einen Krieg auszulösen, geht das Risiko ein, diesen zu verlieren. Auf jeden Fall muss er, egal wie der Krieg ausgeht, hohe Kosten in Rechnung stellen, materielle ebenso wie menschliche Verluste. Autoritäre Herrscher, Führer von Militärdiktaturen oder Warlords in staatsfreien Zonen haben in dieser Hinsicht oft wenig bis keine Skrupel. Die Zustimmung der Bevölkerung ist ihnen so gut wie sicher, weil Gegenstimmen keine Chance haben, sich frei zu äußern. Auch Demokratien sind nicht in jedem Fall friedlicher, denn über mediale Manipulationen kann eine Kriegsbegeisterung im politischen Mainstream hergestellt werden, die alle Gegenargumente übertönt. Wer auch immer sich entschließt, das Risiko eines Kriegs einzugehen, muss sich vorher fragen, was seine Kriegsziele und ob sie zu erreichen das Risiko und die Kosten wert sind.

Kriegsziele sehen von Fall zu Fall anders aus. Sie lassen sich jedoch grob in vier verschiedene Kategorien einteilen, wenn auch eine solche Unterteilung sehr allgemein bleiben muss. Erstens geht es oftmals »nur« um den Zugriff auf Ressourcen und Reichtum (reine Raubkriege; »Krieg als Geschäftsmodell«). Eine zweite Kategorie von Kriegszielen, die in den letzten Jahrhunderten vielfach anzutreffen war, erwächst aus nationalistischem Gedankengut. Darunter fallen die Befreiung von als demütigend und illegitim empfundener Fremdherrschaft sowie die Erweiterung des eigenen Territoriums um jene (meist benachbarten) Gebiete innerhalb eines anderen Staates, wo Angehörige der eigenen Nationalität als Minderheit leben. Drittens gibt es Kriege mit Kreuzzugscharakter. In ihnen sollen bestimmte als einzig wahre Wertgefüge angesehene politisch-religiöse Ideologien mit missionarischer Militanz anderen Menschen und anderen Kulturkreisen übergestülpt werden. Eine vierte Kategorie bilden Kriege um regionale Vorherrschaft und seit dem Zeitalter der Weltkriege des 20. Jahrhunderts um die Vorherrschaft im weltumspannenden internationalen System. Die Auseinandersetzung zwischen den konkurrierenden Staaten spitzt sich zu auf die militärische Durchsetzung ihrer jeweiligen globalen Ordnungsinteressen.

Für jede dieser Kategorien finden sich in der Vergangenheit zahlreiche Beispiele; manchmal kommt es auch zur Vermischung. Der Ost-West-Konflikt war im Kern ein Konflikt um einander ausschließende oder nur schwierig in Einklang zu bringende Weltordnungskonzepte. Ebenso ging es bei einigen Konflikten in den Jahrzehnten danach um Regeln und (mehr oder weniger) verbindliche Verhaltenscodes in den internationalen Beziehungen, sprich: um die Weltordnung. Diesen Begriff kann man entweder rein beschreibend verwenden, dann bezieht er sich auf den bestehenden Zustand des internationalen Systems, egal wie geordnet oder ungeordnet er gerade ist. Oder man gebraucht ihn als inhaltliche Kennzeichnung der von einer Ordnungsmacht (oder mehreren) durchgesetzten und von anderen Mächten akzeptierten Ordnung mit bestimmten Welt- und Wertvorstellungen. Gegenwärtig und in absehbarer Zukunft sind es vor allem zwei Weltmächte, die ihre jeweils eigenen Ordnungsinteressen durchsetzen wollen: die USA und China.

Ordnungsinteressen in einer globalisierten Welt sind grundsätzlich universell. Ihre Konkurrenz kann, muss aber nicht zu einer kriegerischen Konfrontation führen. Sie ist nicht die Ursache aller gegenwärtigen und in der Zukunft zu erwartenden Kriege in der Welt. Aber sie strahlt auf sie alle aus.

Weltordnung und Werteordnung

Im 20. Jahrhundert ging es bei den »großen« Kriegen wie bei allen anderen um unterschiedliche, einander ausschließende Interessen. Was solche Interessen ausmacht, wird einerseits in Selbstverständigungsdiskursen festgelegt, an denen sich in Diktaturen nur ein kleiner Kreis, in Demokratien prinzipiell alle Bürgerinnen und Bürger beteiligen können. Andererseits beeinflussen auch quasi-objektive geopolitische und geoökonomische Sachverhalte ihre Festlegung, also etwa Sicherheit vor äußeren Bedrohungen, Zugang zu Rohstoffen, offene Meere, offene oder im Gegenteil gerade besonders geschützte Märkte, Zugang zu (eisfreien) Häfen usw.

Um ein Abgleiten in einen »Krieg aller gegen alle« zu verhindern und die friedliche, vielleicht gar einvernehmliche Realisierung solcher Interessen zu erleichtern, verabreden die diese Ziele anstrebenden Mächte eine ausgewogene und möglichst vielen von ihnen zupasskommende internationale Ordnung. Sie basiert auf bestimmten Strukturen und in ihren Abläufen festgelegten politischen und rechtlichen Verfahren. Regelbasierte Ordnungen funktionieren umso besser, je höher die zugesicherte Verbindlichkeit ist, sich daran zu halten, ihre Akzeptanz.

Komplettiert wird eine solche internationale Ordnung durch eine zweite Dimension, nämlich einen Prioritätenkatalog mit als besonders wichtig erachteten immateriellen Interessen. Das sind Werte, die auf bestimmten Vorstellungen über die geltende Gesellschaftsordnung und das Leben der Menschen in dieser Ordnung beruhen. Darüber einen weltweiten Konsens herzustellen ist in der bisherigen Geschichte niemals gelungen. Stattdessen stellen sich Interessenkonflikte zwischen verschiedenen Mächten häufig auch und besonders intensiv als Wertekonflikte dar.

Im 20. Jahrhundert wurde zwei Mal versucht, jeweils nach dem Ende eines Weltkriegs, einen weltweiten Konsens über die internationale Ordnung herbeizuführen, nämlich in der Satzung des Völkerbundes und in der Charta der Vereinten Nationen. Beide Versuche zeitigten bei diesem Hauptziel so gut wie keinen Erfolg. Schon kurz nach 1945 brach der seit der Russischen Revolution 1918/19 schwelende Weltordnungskonflikt zwischen den westlichen Demokratien unter der Führung der Vereinigten Staaten und den sowjetsozialistischen Staaten, angeführt und streng

GESCHICHTE UND KULTUR

BeBra VERLAG

ELSENGOLD

Horst Gründer (Hg.) / Hermann Hiery (Hg.)

Die Deutschen und ihre Kolonien

384 Seiten, 14 × 22 cm, geb./SU, 91 Abb., 3. Aufl., 26,– €
ISBN 978-3-89809-204-3

Dieses Buch bietet einen kenntnisreichen und allgemein verständlichen Überblick über die kurze, aber folgenreic deutsche Kolonialzeit. Es informiert über die politischen und wirtschaftlichen Voraussetzungen und Nachwirkungen, vor allem aber über den »kolonialen Alltag«.

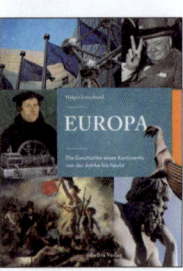

Holger Sonnabend

Europa

Die Geschichte eines Kontinents von der Antike bis heut

160 Seiten, 21,5 × 28,5 cm, geb., 184 Abb., 28,– €
ISBN 978-3-89809-209-8

Dieses Buch liefert einen Überblick über 3000 Jahre Europäische Geschichte – von der antiken Welt bis zur Europäischen Union. Mit über 120 Karten, Abbildungen und Infografiken.

Edith Kresta (Hg.)

Europa für Eigensinnige

Außergewöhnliche Reisen für Klimabewusste, Abenteuerlustige und Genießer

256 Seiten, 13,5 × 21 cm, Paperback, 60 Abb., 24,– €
ISBN 978-3-89809-213-5

Dieses Buch soll Lust darauf machen, abseits der ausgetr nen Pfade die Vielfalt unseres Kontinents zu erkunden. D Autor:innen stellen nachhaltige Projekte vor, entdecken nierende Landschaften und sehenswerte Städte – und ha dabei stets eine möglichst umweltfreundliche Anreise im

Irrtum und Preisänderung vorbehalten

Marijke Leege-Topp /
Bernd Siegmund

Unsere Wälder
Natur, Kultur und Geschichte

280 Seiten,
23,8 × 30,7 cm, geb.,
392 Abb., 28,– €
ISBN 978-3-89809-228-9

Dieses Buch bietet einen umfassenden Überblick über alle Aspekte des Waldes. Es beschreibt anschaulich das komplexe Ökosystem und vermittelt zugleich seine Bedeutung als Lebensgrundlage, Erholungsgebiet und Sehnsuchtsort. Ein Blick in die Geschichte zeigt, wie hart früher der Alltag von Jägern, Holzfällern und Flößern war – aber auch, wie stark der Mythos Wald seit jeher Kunst und Literatur prägte.

In großformatigen Abbildungen werden über 30 einzigartige Waldgebiete aus Deutschland und Österreich vorgestellt – von Hunsrück und Spessart über die Sächsische Schweiz und den Harz bis hin zu Nationalparks wie dem Bayerischen Wald oder den Kalkalpen.

Hasso Spode

Urlaub Macht Geschichte
Reisen und Tourismus in der DDR

208 Seiten, 14 × 22 cm, geb., 50 Abb., 22,– €
ISBN 978-3-89809-201-2

Von Ostseestrand bis Balaton, von Campingplatz bis Kreuzfahrtschiff – eine historisch fundierte Geschichte des Reisens in der DDR von Tourismushistoriker Hasso Spode

Sabine Michel / Dörte Grimm

Die anderen Leben
Generationengespräche Ost

200 Seiten, 13,5 × 21 cm, Paperback, 11 Abb., 2. Aufl., 20,– €, ISBN 978-3-89809-179-4

Auf Initiative der Filmemacherinnen Sabine Michel und Dörte Grimm wagen Kinder und Eltern aus ganz unterschiedlichen Verhältnissen erstmals eine Auseinandersetzung mit der eigenen Geschichte.

Sabine Michel / Dörte Grimm

Es ist einmal
Ostdeutsche Großeltern und ihre Enkel im Gespräch

200 Seiten, 13,5 × 21 cm, Paperback, 10 Abb., 20,– €
ISBN 978-3-89809-234-0

Die Filmemacherinnen Sabine Michel und Dörte Grimm haben für dieses Buch Großeltern und ihre nach 1982 geborenen Enkelkinder miteinander ins Gespräch gebracht. Dabei prallen nicht nur unterschiedlichste Prägungen und Wertesysteme aufeinander, sondern buchstäblich die Zukunft und die Vergangenheit.

Irrtum und Preisänderung vorbehalten

kontrolliert von der UdSSR, erneut und mit großer Wucht aus. Dies war ein hochbrisanter und wegen des Rüstungswettlaufs zwischen Ost und West enorm gefährlicher Konflikt um materielle Interessen und Werte, vor allem ausgedrückt in unterschiedlichen Welt- und Gesellschaftsbildern sowie gegenläufigen Vorstellungen über die optimale Organisation von Wirtschaft und Gesellschaft. Damit war es 1989/90 vorbei. Die schon Jahre vorher immer mehr aus dem Gleichgewicht geratene Bipolarität des Ost-West-Konflikts entwickelte sich zu einer unübersichtlichen multipolaren Konfliktlandschaft. Sie war und ist auch heute, trotz aller globalen Herausforderungen, weniger denn je auf die Ausbildung einer diesen Namen wirklich verdienenden internationalen Gemeinschaft ausgerichtet und birgt ein stark angewachsenes Gewaltpotenzial.

Einen weltanschaulich fundierten Werteordnungskonflikt, wie es im 20. Jahrhundert der Kampf gegen den Faschismus/Nationalsozialismus und der Ost-West-Konflikt waren, hat es seit 1989/90 bis heute nicht gegeben. Zwar verfolgen Großmächte wie die Vereinigten Staaten, China und, mit Abstrichen, Russland unter Präsident Putin Interessen, die auch die Durchsetzung universaler Ordnungsansprüche miteinschließen, und die Konkurrenz zwischen »dem Westen« und den ihm unfreundlich bis feindlich gegenüberstehenden Mächten umfasst auch eine Werte-Dimension. Aber anders als früher werden Interessendivergenzen im 21. Jahrhundert stärker mit geopolitischen und geoökonomischen Begriffen definiert. Außerdem beobachten wir in den letzten Jahrzehnten einen in sich nicht widerspruchsfreien Aufschwung nationalistisch, ethnisch und religiös unterlegter aggressiver Identitätspolitik. Deren Propagandisten geht es nicht um ein Weltordnungskonzept, selbst wenn sie es behaupten, sondern vornehmlich um regionale, im Fall Russlands um großregionale Herrschaftssicherung.

In einer globalisierten Welt können die Hauptprotagonisten der Auseinandersetzung um die Weltordnung diese nicht allein als Nationalstaaten führen. Sie brauchen Verbündete und Mitstreiter. Ihre Ordnungsvorstellungen für die internationalen Beziehungen müssen für diese und für abwartend eingestellte Staaten attraktiv sein, politisch, ökonomisch, kulturell. Seit dem Ende des Zweiten Weltkriegs haben die USA und ihre westeuropäischen Verbündeten sowie eine Reihe von Staaten auf anderen Kontinenten das Konzept einer liberalen Weltordnung verfolgt. Zu ihr gehört ein ganzes Paket von völkerrechtlichen Normen, ökonomischen Strukturregelungen (mit beträchtlicher Variationsbreite) und Werteprioritäten. All das zusammen erst macht in der allgemeinen politischen Betrachtung den Westen aus. Im Ost-West-Konflikt erwies sich der Westen als stärker. Nach 1990 sah es ein paar Jahre so aus, als wären die USA die einzig verbliebene Weltordnungsmacht und als gäbe es nach dem Untergang des Kommunismus sowjetischer Prägung keine wirkliche Werte- und Weltordnungsalternative zum Westen. Das war eine Illusion.

Inzwischen hat der Westen erfahren müssen, dass er weder stark noch attraktiv genug ist, um seine Vorstellungen zur Ordnung der Welt ohne heftige Konkurrenz mit antiwestlich eingestellten Staatsführungen durchsetzen zu können. Hinzu kommt, dass sich innerhalb des Westens selbst vermehrt Erosionserscheinungen des eigenen Wertekanons zeigen. Beides brachte in den vergangenen Jahren eine kritische bis manchmal sogar panisch anmutende Literatur des Selbstzweifels hervor. Selbstanklagen und Untergangsprognosen für das westliche Projekt der Aufklärung sind gerade in intellektuellen Kreisen populär geworden.

Antiwestliche Ordnungsinteressen waren eines der Motive für den russischen Angriff auf die Ukraine. Sie zeigten sich in der 2020 von Peking durchgesetzten gewaltsamen Beendigung des Experiments »Ein Land, zwei Systeme« für Hongkong und in dem anhaltenden und sich verstärkenden Druck Chinas auf Taiwan.

Die Gruppe der großen und selbstbewussten Länder Brasilien, Russland, Indien, China und Südafrika (BRICS), die fast die Hälfte der Weltbevölkerung repräsentieren, ist sich zwar keineswegs in allen alltags- und ordnungspolitischen Belangen einig; aber das Maß antiwestlicher Einstellungen ist bei ihnen in den letzten Jahren permanent angestiegen.

In den ersten Jahrzehnten des 21. Jahrhunderts haben sich die universellen Geltungsansprüche des Westens nicht deutlich Gehör verschaffen können. Selbst wenn der Wettbewerb mit entsprechenden Geltungsansprüchen anderer Mächte nicht zu einer direkten militärischen Konfrontation geführt hat, bildet er doch die Folie für viele lokale und regionale Kriege. Er verursacht sie nicht immer, aber er schafft Bedingungen dafür, dass lokale und regionale Akteure ihre Gewalt- und Kriegsvorbereitungen leichter in einen Rahmen einordnen können, der ihnen offene oder heimliche Unterstützer verschafft. Die Politik einzelner westlicher Nationen und die westlicher Bündnisse hat in der jüngeren Vergangenheit wenig erreicht, um eine globale oder regionale Friedensord-

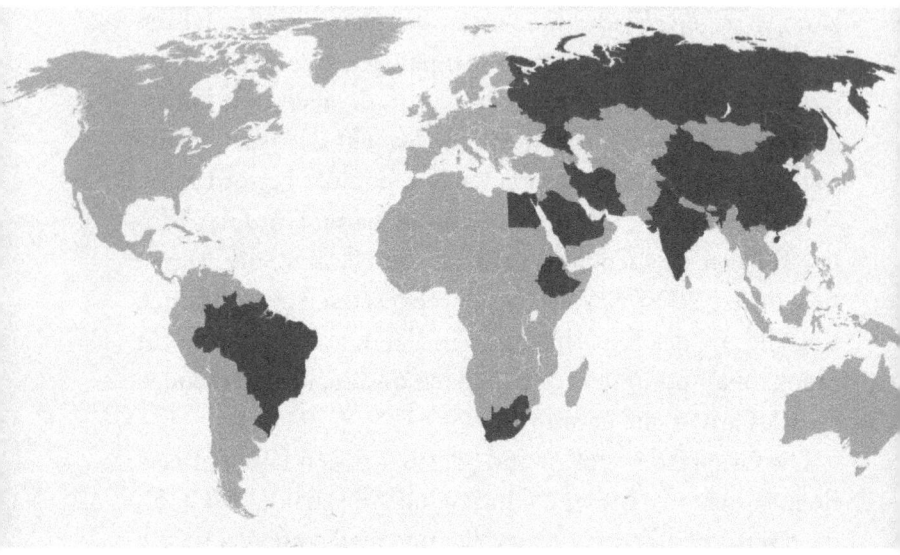

Ein neuer Machtfaktor: Die 2024 erweiterte Gruppe der BRICS-Staaten (dunkel markiert) repräsentiert fast die Hälfte der Weltbevölkerung.

nung zu etablieren. Insbesondere auf dem Feld militärischer Interventionen zwecks Krisenstabilisierung und Sicherung der Menschenrechte, die zum Kernbereich westlicher Ordnungswerte gehören, sind Erfolge rar geblieben.

Missglückte Ordnungspolitik

Zu oft scheitert die Balance zwischen der Verfolgung eigener materieller Interessen und den Werten, die das Selbstbild des Westens ausmachen. Es fehlt an Abstimmung zwischen den westlichen Staaten. Einzelne Regierungen unternahmen ohne große Rücksichten auf die Partner »egoistische« nationale Alleingänge. Besonders fatal war in dieser Hinsicht das Verhalten der US-Regierung unter Präsident Trump.

Die gemeinsame Weltordnungspolitik des Westens blieb deshalb trotz zunächst günstiger Bedingungen suboptimal. Der hohe Ton der Konzepte wird bei den Versuchen zu ihrer Umsetzung kratzig; es fehlt an weitsichtigem Pragmatismus und an handwerklicher Solidität. Das lässt sich an zwei Beispielen für eine weitgehend von westlichen Vorstellungen inspirierte Weltordnungspolitik illustrieren. Sie können als typisch für die in den frühen 1990er Jahren so optimistisch und schwungvoll gestarteten, aber diesen Schwung bald einbüßenden Ordnungsabsichten für das internationale System gelten.

Nach dem Zweiten Weltkrieg war in Deutschland und Japan die Etablierung demokratischer Strukturen und das Einpflanzen demokratiekonformer Einstellungen durchaus erfolgreich. Das führte nach 1990 zu der Vorstellung, Konzepte und Projekte des westlichen Demokratie-Exports und der »externen Demokratie-Förderung« könnten auch jetzt wieder glücken. Ein Fehlschluss; sie versagten selbst dort, wo ein Durchbruch durchaus möglich schien, wie etwa in vielen post-sowjetischen Staaten Zentralasiens oder in Latein- und Südamerika.

Die an Bedingungen geknüpfte Erlaubnis von internationalen Militärinterventionen aus humanitären Gründen sollte massenhaften Menschenrechtsverletzungen ein Ende setzen. Die im UNO-Rahmen 2001 entwickelte Vorstellung von einer internationalen Schutzverantwortung (*Responsibility to Protect* – R2P) proklamierte sogar die Pflicht der

»internationalen Gemeinschaft«, Kriegsgräuel zu beenden und sich der Unterdrückung von Menschen in Diktaturen und staatsfreien Zonen aktiv zu widersetzen.

Argumente *gegen* diese Konzepte und Projekte besitzen wenig Überzeugungskraft, auch aus nicht-westlicher Perspektive. *Responsibility to Protect* wird schließlich auch durch die Charta der Vereinten Nationen von 1945 gedeckt. Deren Geltung ist zwar in der Tat universell, aber die Zustimmung vieler Staaten zu ihren Artikeln, auch zu denen, die Kriege verhindern sollen, geht über ein Lippenbekenntnis oft nicht hinaus. Würden sie zielgerecht umgesetzt, wäre die Welt ein friedlicherer Ort. Die Defizite bei ihrer Verwirklichung liegen nicht zuletzt darin begründet, dass die beträchtlichen Umsetzungsschwierigkeiten von Anfang an leichtfertig unterschätzt wurden. Der Westen hat sich so immer wieder in ein Dilemma hineinmanövriert: Auf die vollmundigen Ankündigungen und das Wecken großer Erwartungen (sowohl in den eigenen Gesellschaften als auch bei vielen Menschen in nichtwestlichen Ländern) konnten eigentlich nur Enttäuschungen folgen. Sie wurden außerhalb des Westens vielfach als Täuschungen interpretiert und verstärkten so Vorbehalte gegen seine Kultur und seine Repräsentanten.

Humanitäre Intervention und internationale Schutzverantwortung

Wo Repression, Diktatur und Menschenrechtsverletzungen in großer Zahl sichtbar werden, und das werden sie nicht zuletzt dank der raschen internationalen Verbreitung insbesondere in digitalen Medien, erscheint eine Intervention von außen mit dem Ziel, unterdrückten Menschen beizustehen, angemessen. Nun kann man sich sehr unterschiedliche Mittel für eine Intervention vorstellen, von diplomatischen Verhandlungen bis zu wirtschaftlichen Sanktionen. Aber die Natur repressiver Regime oder das Fehlen einer handlungsfähigen Staatsführung im Falle von *Failing States* schließen die Wirksamkeit solcher Mittel oft weitgehend aus. Was bleibt, ist die militärische Intervention. Um sie völkerrechtlich zu legitimieren, braucht es besondere Voraussetzungen. Eine Expertendefinition der humanitären Intervention fasst sie als eine militärische Maßnahme, die von einem Staat oder einer Gruppe von Staaten mit oder ohne Ermächtigung des Sicherheitsrates der UNO auf dem Territorium eines anderen Staates ohne dessen Ersuchen durchgeführt wird, um Menschen beliebiger Staatsangehörigkeit vor massenhaften und gravierenden Menschenrechtsverletzungen oder den Auswirkungen herbeigeführter oder geduldeter humanitärer Notlagen zu schützen. Unübersehbar ist der moralische Gestus dieses Konzepts. In seinem Brennpunkt stehen nicht Staaten und Regierungen, sondern Individuen und Minderheiten, die innerhalb größerer sozialer und politischer Gruppen unterdrückt, verfolgt oder ausgegrenzt sind. Das ist eine humanitäre Sichtweise, allerdings oft ohne realistisches Fundament. Außerdem bringt sie diejenigen, von denen eine humanitäre Intervention erwartet werden kann (also nicht nur, aber in erster Linie die westlichen Staaten), in schwierige Entscheidungssituationen – und das gleich in mehrfacher Hinsicht.

Responsibility to Protect: Demonstranten in Myanmar fordern das Eingreifen der internationalen Staatengemeinschaft, 2021.

So gibt es in der Welt zu viele Fälle von Unterdrückung und gravierenden Menschenrechtsverletzungen, und nicht in jedem Fall kann interveniert werden. Interventionen sind kostspielig und die Mittel der im Prinzip interventionsbereiten Staaten begrenzt. Es muss eine Auswahl getroffen werden, eine Art humanitäre Triage. Aber wie soll entschieden werden, wann eine Repression so schwer wiegt, dass eine Intervention gerechtfertigt ist? Zudem müssen in einer Demokratie Regierung und Gesellschaft gleichermaßen eine

Intervention befürworten. Das klingt einfach, ist es in der Praxis oft aber ganz und gar nicht. Die Forderung nach einer humanitären Intervention geht häufig von zivilgesellschaftlichen Gruppen aus, die sich in besonderer Weise mit Elend und Menschenrechtsverletzungen in einem bestimmten Gebiet beschäftigen. Sie treten sozusagen als aktivistische humanitäre Lobbygruppe auf, organisieren Medienkampagnen und machen Druck auf die Regierung, um sie zu einem Eingreifen zu bewegen. Das bringt diese zuweilen in eine Zwangslage, denn die Entscheidung einer Regierung muss viele andere Faktoren mit einbeziehen. Nur eine multilateral in die Wege geleitete Intervention beispielsweise ist einigermaßen gegen den Verdacht gefeit, vorwiegend dem nationalen Eigeninteresse der intervenierenden Mächte oder anderen Partialinteressen zu dienen. Für die Gegner einer Interventionsentscheidung ist es dennoch nicht schwer zu behaupten, das eigentliche Motiv sei nicht humanitäre Solidarität, sondern nationales Eigeninteresse. Es gibt genügend Fälle, in denen sich dieser Verdacht auch erhärtet hat.

Schließlich ist zu Beginn einer humanitären Intervention mit militärischen Mitteln nicht vorherzusehen, wie sich die Konfliktlage im Land entwickeln wird und ab welchem Zeitpunkt die Militärmission zu beenden ist und die Interventionstruppen wieder abziehen können. Oft erweitert sich der Aufgabenkatalog der Interventionstruppen im Laufe ihrer Mission (*mission creep*). Eine sach- und konfliktangemessene Exit-Strategie für ihren Einsatz kann man sich zwar vornehmen. Ob sich aber nach ihren Vorgaben verfahren lässt, kann lange, manchmal bis zum bitteren Ende ungewiss bleiben.

Humanitäre Interventionen sollen dem Elend und der Unterdrückung von Menschen in nichtdemokratischen Staaten oder in Zonen, wo die Bevölkerung durch das Versagen des Staates von Katastrophen bedroht wird, ein Ende machen. Sie wurden in den frühen 1990er Jahren vielfach als handhabbares und moralisch integres Instrument westlicher Weltordnungspolitik angesehen. Die Bilanz der Erfolge und der Misserfolge von humanitären Interventionen ist indes ernüchternd. Abgesehen von kleineren positiven Ausnahmen haben sich die in sie gesetzten Erwartungen nicht erfüllt. Wem durch eine humanitäre Intervention geholfen wurde, hat freilich allen Grund, den eingreifenden Staaten dankbar zu sein. Es mag durchaus stimmen, dass humanitäre Interventionen den Idealfall eines »gerechten Kriegs« darstellen – aber eben nur im Idealfall. Und den gibt es in der politischen Realität selten genug.

Der im Dezember 2001 veröffentlichte Bericht der Internationalen Kommission zu Intervention und Staatssouveränität (International Commission on Intervention and State Sovereignty ICISS) über eine internationale Schutzverantwortung sollte eine Präzisierung der Bedingungen und Durchführungsbestimmungen humanitärer Interventionen sein. Er kam nicht zuletzt unter dem Eindruck zustande, dass weder die direkt oder indirekt beteiligten Staaten noch die UNO insgesamt in der Lage gewesen waren, den Völkermord in Ruanda 1994 zu verhindern. Die Kernaussagen des Berichts wurden von der UNO in das Schlussdokument ihres Weltgipfels 2005 übernommen. Der Bericht proklamierte eine besondere Sichtweise auf die Souveränität eines Staates, nämlich dass seine oberste Verantwortung im

Schutz der auf seinem Territorium lebenden Menschen besteht. Wenn dieser Schutz nicht gewährleistet werden kann, sei es aus institutioneller Schwäche oder böser Absicht, geht diese Schutzverantwortung über auf die »internationale Gemeinschaft«, die nun ihrerseits die Pflicht hat, ihr gerecht zu werden. Militärische Interventionen sollen dabei zwar die Ausnahme bleiben und nur stattfinden dürfen, wenn ein Völkermord oder ethnische Säuberungen in großem Umfang drohen. Nach einer im Idealfall rasch erfolgreich verlaufenen Intervention soll eine weitere Komponente der internationalen Schutzverantwortung zum Zuge kommen, nämlich die Hilfe und Verantwortung für einen friedlichen Wiederaufbau.

Der am häufigsten diskutierte Anwendungsfall der *Responsibility to Protect*, der zunächst eindeutige Berechtigung aufzuweisen schien, war die militärische Intervention in Libyen im März 2011. Zum Schutz der Zivilbevölkerung des Landes gegen die immer brutaler werdenden Übergriffe von Militär und Polizei des Gaddafi-Regimes verabschiedete der UNO-Sicherheitsrat am 17. März 2011 die Resolution 1973. Es gab keine Gegenstimme im Rat. Von den 15 Mitgliedern stimmten zehn für die Resolution; Brasilien, China, Indien, Russland (vier der fünf BRICS-Staaten) enthielten sich. Die Enthaltungsgründe mögen unterschiedlich gewesen sein. Doch auch wenn sie, weil es keine Nein-Stimmen mit Veto-Kraft waren, die multinationale Intervention in Libyen nicht blockierten, war das Abstimmungsverhalten dieser Länder nicht von humanitären Motiven bestimmt.

Dass Deutschland aus der westlichen Phalanx ausscherte, ist hierzulande und von den westlichen Verbündeten mit

Recht viel kritisiert worden. Der Grund für die deutsche Enthaltung sagt viel über die Bedenken von Regierung und Gesellschaft aus, wenn militärische Mittel der Politik ins Spiel kommen. Die Bundesregierung und besonders Außenminister Guido Westerwelle bezweifelten den Nutzen einer international durchgesetzten Flugverbotszone. Im Nachhinein erscheint Deutschlands Votum nicht unberechtigt. Denn schon nach wenigen Wochen stellte sich heraus, dass die Verschärfung der innerlibyschen Konflikte die Entscheidungsgrundlage für die Intervention, nämlich Deeskalation und Schutz der Bevölkerung, nachhaltig desavouierte. Und das gilt bis heute.

Externe Demokratieförderung und Regimewechsel

Je nachdem wie man den Begriff der externen Demokratieförderung betrachtet, beschreibt er entweder einen nicht ungewöhnlichen Sachverhalt, nämlich die Bemühungen demokratischer Staaten, für ihre Werte und Ordnungsvorstellungen in nichtdemokratischen Gesellschaften zu werben – also ein *Soft Power*-Projekt mit staatlichen und »zivilgesellschaftlichen« Mitteln. Oder er ist ein anschauliches Beispiel für politisches Wunschdenken, weil seine Handlungsgrundlage auf der Überzeugung beruht, nichtdemokratische Gesellschaften brauchten nur ein paar Anstöße von außen, um sich ebenfalls in Demokratien zu verwandeln. Dieses Prinzip Hoffnung lag vielen politischen Unternehmungen des Westens der letzten drei Jahrzehnte zugrunde. Es beruht auf einem Irrtum, der aber Eingang in prominente politikwissenschaftliche Theorien wie etwa der des »demokratischen Friedens« gefunden hat.

Externe Demokratieförderung, umgangssprachlich auch leicht vergröbert Demokratie-Export genannt, hat jedenfalls nicht die von ihren Anhängern erwarteten Ergebnisse gebracht. Dabei spielte es keine Rolle, ob sanfte Methoden der *Public Diplomacy* gewählt wurden, ob man also versucht hat, nicht die Regierung direkt, sondern die Gesellschaft des anderen Staates zu beeinflussen, ob man zu militärischen Interventionen samt anschließenden Anläufen zu einem Regimewechsel (*Regime Change*) griff, wie im Irak, oder ob man sich um die zivilgesellschaftliche oder multilateral-staatliche Unterstützung von Prozessen der Nationen- oder Staatsbildung (*Nation Building/State Building*) bemühte, wie in Afghanistan.

Die Charta der Vereinten Nationen kann (abgesehen von gewichtigen Passagen, die sie in entscheidenden Punkten auf die unmittelbare Nachkriegssituation 1945 fixiert) als eine Art Grundgesetz für weltweite Demokratie angesehen werden. Manche halten sie für die Vorstufe einer kosmopolitischen Ordnung mit überall funktionierenden Demokratien. Die UN-Charta basiert im Wesentlichen auf westlichen Ordnungsvorstellungen für die Weltpolitik und die Weltwirtschaft. Dass die stalinistische Sowjetunion sie seinerzeit unterschrieb, hatte nichts mit einer von Moskau hingenommenen oder gar begrüßten Übernahme dieser Ordnungsvorstellungen zu tun. Und auch die Unterschriften sehr vieler Regierungen anderer Staaten sagen nichts darüber aus, ob sie alle oder nur einige wenige ausgewählte Normen und Werte dieser Charta zu akzeptieren gewillt sind.

Die Grundannahmen externer Demokratieförderung fußten schon immer auf einem dünnen empirischen Fundament. Entsprechend mager fielen nach den optimistisch stimmenden Momenten in der ersten Hälfte der 1990er Jahre ihre Ergebnisse aus. Zwar wurden die demokratischen Wiederaufbaumodelle theoretisch immer weiter verfeinert und dadurch scheinbar immer überzeugender, erwiesen sich in der Praxis aber als immer untauglicher. Im Modell geht es bei externer Demokratieförderung um zwei Schritte: Zunächst entwaffnen multinationale Streitkräfte mit humanitärer Einsatzlegitimation die in einer bestimmten Konfliktzone verfeindeten Gruppen und führen im Anschluss daran die Kämpfer entweder ins Zivilleben zurück oder integrieren sie als Soldaten in die nationalen Streitkräfte. Sodann wird eine demokratische Verfassung nach modifiziertem westlichem Vorbild ausgearbeitet. Zivilgesellschaftliche Gruppierungen und steuerungsfähige staatliche Institutionen entstehen und konsolidieren sich. Am vorläufigen Ende dieser Entwicklung stehen dann freie Wahlen, deren Ausgang von allen akzeptiert wird. Aber fast überall, wo nach diesem Muster vorgegangen wurde, blieben die Konflikte bestehen – günstigstenfalls. Oft wurde die Situation noch schlimmer.

Im Gegensatz zu den hehren Hoffnungen der Verfechter humanitärer Interventionen und externer Demokratieförderung geht es bei einer anderen Art Intervention sehr viel kaltschnäuziger zu. Dafür hat diese Strategie der Intervention eine längere Tradition, wenngleich hauptsächlich eine bittere. Modellhaft verkürzt, verläuft sie auf folgende Weise: Die Regierung eines machtpolitisch eher schwachen Landes,

Weltweiter Anspruch: US-amerikanisches Plakat zur Verabschiedung der Charta der Vereinten Nationen im Sommer 1945

dessen international anerkannte Souveränität offiziell nicht infrage gestellt wird, soll von einer Politik abgehalten werden, die von der Regierung eines machtpolitisch stärkeren (oft benachbarten) Landes als nicht in ihrem Interesse angesehen wird. Wenn das mit den herkömmlichen diplomatischen Instrumenten nicht zu erreichen ist, wird schon einmal zu drastischeren Mitteln der (völkerrechtlich nicht erlaubten) Einmischung in die inneren Angelegenheiten gegriffen. Das Ziel ist die Absetzung der alten und die Installierung einer den eigenen Interessen gegenüber aufgeschlossenen Regierung. Dieser Vorgang kann zynisch als Antwort auf einen »Hilferuf« aus dem Land inszeniert werden, in das von außen eingegriffen wird.

Dafür gibt es in der Geschichte viele Beispiele. Demokratisch regierte Staaten dürften sich ein solches Vorgehen eigentlich nicht erlauben, es sei denn, der angestrebte *Regime Change* lässt sich als Demokratisierungschance darstellen. In einzelnen Fällen mag das sogar gerechtfertigt sein. Aber wer beispielsweise die Lateinamerika-Politik der USA analysiert, dem fällt eine nicht unbeträchtliche Zahl von *Regime Change*-Unternehmungen Washingtons ins Auge, die von den Grundwerten westlicher Politik deutlich abwichen. Solche Abweichungen werden nicht nur von den weltpolitischen Konkurrenten wahrgenommen und kritisiert. Sie werden auch von vielen Menschen im Westen bitter aufgenommen.

Die Zukunft des Westens

In den ersten Jahrzehnten des 21. Jahrhunderts hat die Zuversicht in Bezug auf die erfolgreiche Verbreitung westlicher Werte und vor allem auch westlicher Demokratievorstellungen über den gesamten Planeten hinweg stark abgenommen. Aus dieser nicht wegzudiskutierenden Realität den Schluss zu ziehen, alle entsprechenden Bemühungen aufzugeben, wäre jedoch falsch. Denn die Werte, die die westliche Geisteshaltung in Politik und Gesellschaft ausmachen, sind an sich keineswegs gescheitert. Es gibt heute kein Ordnungsmodell, das Menschenrechte, Menschenwürde und freiheitliche Entfaltungsmöglichkeiten überzeugender verspricht. Das wird nicht nur von einer (immer noch) großen Mehrheit in den westlichen Gesellschaften so gesehen, sondern auch von vielen Menschen, die in anderen gesellschaftlichen Verhältnissen leben und an den Zwängen und

Repressionen, denen sie von Seiten ihrer Regierungen ausgesetzt sind, verzweifeln. Um diese Verhältnisse zu verändern, nehmen sie, wie zum Beispiel die Protestbewegung im Iran, große Risiken in Kauf.

Deswegen ist es ein Alarmzeichen, wenn sich im Westen von den Rändern des politischen Spektrums her und in der Kulturphilosophie militante Stimmungen und Haltungen ausbreiten, die an der Erosion westlicher Werte mitwirken, teils aus Kurzsichtigkeit oder ideologisiertem Hass auf die westliche Kultur, teils als Opfer von Manipulationen skrupelloser antiwestlicher Regime. In vielen westlichen Ländern sind in den letzten Jahren intellektuelle Strömungen ebenso wie extremistische Bewegungen und Parteien erstarkt, die bei aller Unterschiedlichkeit im Einzelnen eine Gemeinsamkeit aufweisen: die Abkehr von jener Geisteshaltung, die den westlichen Werten zugrunde liegt. Diese Entwicklung ist auch dadurch befördert worden, dass es Regierungen in westlichen Staaten oft nicht verstanden haben, zwischen den realpolitischen und den ideal- oder wertepolitischen Komponenten ihrer Politik eine angemessene und zukunftsöffnende Balance zu finden.

Wollte man für das Aufhalten dieser gesellschaftlichen Entwicklung Handlungsempfehlungen aussprechen, liefen sie darauf hinaus, der Versuchung zu widerstehen, eine westliche Wagenburgmentalität zu entwickeln. Eine solche Abschottung wäre letztlich genauso fatal wie die westliche Überheblichkeit, wonach sich liberale Grundsätze und Demokratie auf der Welt mit quasi naturgesetzlicher Kraft von selbst oder allenfalls mit sanftem Nachdruck durchsetzen. Die westlichen Akteure, Regierungen wie Zivilgesellschaften, müssen bei ihren politischen und wirtschaftlichen Aktivitäten den Zielkonflikt zwischen realpolitischen (geopolitischen, geoökonomischen, militärstrategischen) und idealpolitischen (auf globale Gerechtigkeit, Frieden und Menschenrechte bezogenen) Konzepten, Projekten und Maßnahmen erkennen und, soweit es geht, auszugleichen versuchen. Radikale Rezepte der Negierung führen dagegen ins Chaos, gleichviel ob »der Kapitalismus« zum Urquell allen Übels erklärt und die Abschaffung des Militärs mit Frieden verwechselt wird, territoriale Grenzen verschwinden sollen oder die Migration entweder verteufelt oder zum Heilsbringer stilisiert wird. In der internationalen Politik lässt sich manches über Kooperation erreichen. Aber es ist nicht zu leugnen, dass sich Konflikte auch verschärfen und in einen Krieg übergehen können. So wie in der Wirtschaft Konkurrenz und Wettbewerb oft mit harten Bandagen ausgetragen werden, so existieren auch in der Politik Feindschaften, für die man gerüstet sein muss. Dem können sich westliche Akteure nicht entziehen. Sie dürfen weder ihre Handlungsfähigkeit aufs Spiel setzen noch ihr Handeln dem Verdacht aussetzen, dass ihnen die westlichen Werte gleichgültig geworden sind und allenfalls als Material für Propaganda taugen. Diesen Spannungsbogen zwischen Realpolitik und Idealpolitik gilt es aufrechtzuerhalten, was impliziert: auszuhalten.

Aus Gründen ihrer Legitimierung nach innen, aber auch wegen der Vernetzungseffekte der Globalisierung können westliche Politiker nicht darauf verzichten, für die wesentlichen Elemente demokratischer Organisation und für eine westlich geprägte Weltordnung einzutreten. Dabei kommt es darauf an, glaubwürdig deutlich zu machen, dass diese Ordnung nicht ein westliches (transatlantisches oder amerikanisches) Hegemonie-Programm ist. Westliche Grundwerte können die individuellen und kollektiven Lebensumstände von Menschen verschiedenster kultureller Prägung verbessern. Aufgrund der Defizite der beschriebenen Expansionsprojekte westlicher Werte seit den frühen 1990er Jahren werden manche Beobachter dies als Sisyphus-Mission ansehen. Doch angesichts vermehrter Konkurrenz zwischen selbstbewusst ihre Ordnungsvorstellungen für sich und andere propagierenden Nationen gibt es keine sinnvolle Alternative dazu, die Spannungen zwischen den verschiedenen Kulturen zu vermindern und großregionale »Kulturkämpfe« zu vermeiden oder wenigstens abzumildern. Dabei dürfen die eigenen Vorstellungen von der gerechten Ordnung nicht aufgegeben werden.

Macht – Konflikt – Krieg

Auch wenn es in Gesellschaften, deren Grundlage die Aufklärung ist, schwerfällt, das zuzugeben: Krieg ist nichts Seltenes und keine Ausnahme von der Regel friedlichen Zusammenlebens. Das wäre schön. Aber wir dürfen nicht die Augen davor verschließen, dass es in der Vergangenheit kaum eine Generation gab, in deren Leben nicht auch Zeiten des Kriegs fielen. Für die allermeisten Menschen sind Kriegszeiten schlimme Zeiten. Umso kostbarer ist der Frieden. Und umso privilegierter sind die, denen vergönnt ist, in einer längeren Periode des Friedens zu leben.

Was genau gemeint ist, wenn vom Krieg die Rede ist, hängt von den historischen Umständen ab. Es gibt unzählige Gesichter des Kriegs. Ausschlaggebend dafür sind die politischen und sozialen Bedingungen, unter denen Menschen sich organisieren. Nicht zu vergessen die Waffenentwicklung von Speer und Schwert bis zu nuklear bestückten Langstreckenraketen und den ferngesteuerten Drohnen der Gegenwart.

Wer den Terminus Krieg verwendet, sollte sich einer kleinen, aber womöglich folgenreichen Ungenauigkeit in der

Definition bewusst sein. Krieg umfasst ein nicht ausschließlich, aber weit überwiegend von physischer Gewalt charakterisiertes Konfliktgeschehen, bei dem mindestens zwei Gegner einander gegenüberstehen. Krieg besteht immer aus Handlung(en) und Gegenhandlung(en), die eine eigene Dynamik entwickeln und dadurch den vor dem Krieg und bei seinem Beginn festgelegten strategischen Zielen und operativen Vorgehensweisen entgleiten können. Diesen Sachverhalt hat Clausewitz in seinem berühmten, Fragment gebliebenen Buch »Vom Kriege« mehrfach angesprochen, etwa wenn es dort heißt, der Krieg habe zwar keine »eigene Logik«, jedoch seine »eigene Grammatik«. Die Kriegführenden auf beiden Seiten müssen gewärtigen, dass sich der wirkliche Krieg vom geplanten Krieg drastisch unterscheiden kann. Denn unvermeidlich treten im Kriegsgeschehen alle möglichen unvorhersehbaren »Friktionen« auf.

Häufig wird der Begriff Krieg aber schon verwendet, wenn es erst einmal »nur« um die Kriegsvorbereitung und Strategie eines einzelnen Akteurs geht. Das sind, wie eine Kriegserklärung oder eine militärische Aggression, einseitige Handlungen. Zum Krieg kommt es jedoch erst dann, wenn der ins Visier genommene Adressat darauf mit eigenen militärischen Gegenmaßnahmen reagiert. Deshalb gehört es in das propagandistische Repertoire jedes modernen Aggressors, grundsätzlich die eigene Friedensbereitschaft zu betonen. Der überfallene Gegner brauche sich schließlich nur den Absichten des Angreifers zu ergeben – so wie man es oft genug vom russischen Präsidenten Putin nach seinem Überfall auf die Ukraine gehört hat.

Auch die Kennzeichnung bestimmter gewaltsamer Konflikte aus der Perspektive nur eines Akteurs gehört zu dieser Art unklarer Begriffsverwendung. Der von der Bush-Administration in Washington nach den Terrorattacken vom 11. September 2001 ausgerufene *Global War on Terrorism* verzichtet sogar auf die Nennung eines konkreten Gegners. Der wurde im Bedarfsfall nachträglich benannt. Krieg (im Englischen: *war*) und Kriegführung (im Englischen: *warfare* oder *conduct of war*) sind ebenfalls begrifflich zu trennen.

Krieg als Normalität

Eine allgemeine Definition fasst Krieg als einen mehr oder weniger streng organisierten, überwiegend gewaltsamen Konflikt zwischen sozialen Gruppen (von der Familie bis zur Staatenkoalition) um die Herrschaft in einem von beiden Gegnern beanspruchten Gebiet, um den Besitz eines bestimmten Guts oder zur Durchsetzung bestimmter kultureller, nicht zuletzt religiöser Werte. Damit ist noch nichts über die näheren Umstände der Gewaltkonflikte ausgesagt, über die individuelle und kollektive Motivation der Kämpfenden und über die von ihnen verwendeten Mittel bei der Ausübung der Gewalt. Allem Anschein nach finden sich frühe Formen von Krieg bis weit zurück in die Menschheitsgeschichte. Von damals bis heute dominieren Kampf und Krieg die Beziehungen zwischen verfeindeten sozialen Gruppen.

Selbstverständlich wurde in der Vergangenheit immer wieder versucht, anstehende Konflikte auch ohne Gewalt zu lösen oder das Kriegsgeschehen durch Ausgleichs- und Vermittlungsbemühungen abzukürzen und zu beenden. Das führte jedoch nur bei günstigen Umständen zum Erfolg, beispielsweise wenn die Kriegsparteien weitgehend erschöpft waren. Der Sex-Streik beispielsweise, in den Lysistrata und ihre Mitstreiterinnen in der berühmten Komödie von Aristophanes aus Anlass des Peloponnesischen Kriegs (431–404 v. Chr.) treten, um ihre Männer dazu zu bringen, den Kampf zu beenden, hat nicht das erstrebte Resultat gezeitigt. Weder damals noch irgendwann später.

Zwar enthalten religiöse Lehren in fast allen Kulturen auch die Aufforderung zur individuellen oder kollektiven Friedfertigkeit, doch sind ihr nur wenige Völker und Herrscher nachgekommen. Das Ziel, den Krieg ganz abzuschaffen, ist ohnehin neueren Datums. Den Pazifismus als organisierte soziale Bewegung gibt es erst seit der Mitte des 19. Jahrhunderts, und zwar in den westlichen Gesellschaften.

Auftrieb erhielt er vor allem durch die hochdynamische Waffen- und Rüstungsentwicklung und der von ihr angestoßenen Ausweitung der Kriegführung (»Industrialisierung des Kriegs«, Tendenz zum »totalen Krieg«). Große und nachhaltige Erfolge blieben dem Pazifismus jedoch bis heute verwehrt, und angesichts der gegenwärtigen weltweiten Lage ist auch nicht zu erwarten, dass ihm im 21. Jahrhundert ein Durchbruch gelingen wird. Nur dieser historische Sachverhalt ist mit dem Wort vom Krieg als Normalität gemeint – nicht etwa die Erhebung militärischer Gewalt zur Norm für die Beziehungen zwischen Menschen, Menschengruppen und Völkern.

Gewalt, Krieg und Politik

Für diese sozialen Beziehungen hat der Faktor Macht ein besonderes Gewicht. Macht äußert sich als Durchsetzungsfähigkeit. Sie ist nicht mit Gewalt gleichzusetzen, obschon die Anwendung von Gewalt ein häufig gebrauchtes Mittel ist, um eigene Interessen durchzusetzen. Gewalt kann physisch oder psychisch ausgeübt werden; sie wirkt direkt oder indirekt. Immer geht sie von Menschen aus, von Einzelnen oder von Gruppen. Sie richtet sich gegen andere Menschen, selbst wenn sie als »Gewalt gegen Sachen« verharmlost wird. Sie bedeutet immer eine Bedrohung von Leib, Leben oder der sozialen Lebenswelt.

Abgesehen von den Fällen, in denen Gewalt aus triebhafter Freude an der Zerstörung und dem Leid anderer ausgeübt wird, dient sie der Durchsetzung eigener Interessen. Wenn gegenläufige Interessen, sich widersprechende Wertvorstellungen und einander ausschließende Ziele von zwei oder mehr Akteuren aufeinanderprallen, haben wir es mit einem Konflikt zu tun. Konflikte zwischen Großgruppen, in der Moderne am spektakulärsten zwischen Staaten, verschärfen sich häufig nach dem Aktions-Reaktions-Muster und führen in der Folge zu Kriegen. Das ist in der Vergangenheit so gewesen, und die Gegenwart unterscheidet sich in dieser Beziehung um keinen Deut von früheren Zeiten.

Bei den meisten Konflikten zwischen Kollektiven hat es immer auch Möglichkeiten zur Abmilderung und Deeskalation, im Idealfall sogar zur Lösung von Konflikten gegeben. Die vergleichende Abwägung, welche Mittel zur Durchsetzung eigener Interessen – im Falle von Staaten ihrer nationalen Interessen – am wenigsten Leben bedrohen, die geringsten Kosten verursachen und am meisten Gewinn versprechen, gehört zu den ständigen Aufgaben der politischen Führung eines Gemeinwesens. Welche Faktoren bei diesem politischen Kalkül wie gewichtet werden, variiert von Epoche zu Epoche, von Gesellschaft zu Gesellschaft, von Konflikt zu Konflikt, und ist weithin abhängig von der Klugheit und vom Geschick der Entscheidungsträger. Es ist sicher nicht vermessen, darauf hinzuweisen, dass Staatsklugheit und politisches Geschick nicht so häufig anzutreffen sind, wie man sich das wünscht. So beruhten Kriegsentscheidungen in der Vergangenheit nicht selten auf katastrophalen Fehlkalkulationen. In der Gegenwart ist es nicht anders.

Doch schwankt die Kriegsbereitschaft von Staatsführer zu Staatsführer, je nach dem Grad der Militanz, mit der eigene Interessen als unabdingbar wichtig eingeschätzt werden, und den kollektiven Erfahrungen mit Kriegen. In modernen Demokratien, so die These einiger Friedensforscher, ist die Kriegsbereitschaft in der Regel vergleichsweise gering ausgebildet. Die Staatsbürger in modernen Demokratien treten eher dafür ein, dass Interessengegensätze, vor allem solche mit anderen Demokratien, durch Verhandlungen über Kompromisse überwunden werden.

Das Gesicht des Kriegs ändert sich trotz aller Kontinuität von Kampf und Tod parallel zur Entwicklung von Gesellschaft und Technologie immer wieder. Insofern liegt ein definitorisches Dilemma vor. Allgemeine Begriffsbestimmungen von Krieg sind für aktuelle Geschehnisse nicht aussagekräftig genug. Speziell auf die Kriege der Gegenwart bezogene Definitionen stehen in der Gefahr, auf Kriege anderer Epochen nicht zu passen oder bald überholt zu sein. Wissenschaftliche Institute, die sich mit der jährlichen Bestandsaufnahme von aktuellen Kriegen beschäftigen, bevorzugen aus forschungstechnischen Gründen meist eine quantitativ gestützte Kriegsdefinition. Damit lassen sich die beobachteten Vorgänge leichter beschreiben. Festgehalten werden unter anderem die Zahl der beteiligten politischen Akteure, der zum Einsatz kommenden Soldaten, die Zahl und Art der benutzten Waffen, die Zahl der Toten und Verwundeten unter den Soldaten und der Zivilbevölkerung. Nicht immer lassen sich diese Zahlen eindeutig ermitteln, die Propaganda der beteiligten Akteure kann das oft verhindern. Eigene Verluste werden heruntergespielt, die des Gegners erhöht. Immerhin lassen sich mit solchen Quantifizierungen und den darauf basierenden Vergleichen unterschiedliche Intensitäten des Kriegsgeschehens erkennen. Das ist hilfreich, selbst wenn dabei noch nichts über seine Ursachen und über die echten oder vorgeschobenen Motive der Kriegsparteien ausgesagt ist.

Kriegsmotive, Kriegstypen, Kriegsformen und Kriegsbilder

Angesichts der Vielzahl und Vielfalt von Kriegen ist noch eine andere Unterscheidung nützlich: die Kategorisierung nach Kriegsmotiven, Kriegstypen, Kriegsformen und Kriegsbildern. Diese Unterscheidung ist nicht randscharf, die Kategorien können sich überschneiden. Doch angesichts der Vielgestaltigkeit des Kriegs erhöhen sie die Übersichtlichkeit.

Was die Kriegsmotive angeht, lässt sich relativ einfach zwischen einem Angriffskrieg und einem Verteidigungskrieg unterscheiden, jedenfalls auf den ersten Blick. Der Aggressor will etwas haben. Der Angegriffene will es behalten. Das moderne Völkerrecht verbietet den Angriffskrieg (Art. 2 Satz 4 der UN-Charta), erlaubt aber die Selbstverteidigung gegen einen Angriff (Art. 51). Unterzeichnet haben die UN-Charta die Regierungen fast aller Staaten. Würden sie sich an diesen Artikel halten, lebten wir heute in einer kriegsfreien Welt. Tatsächlich aber ist diese Norm häufig genug nur Anlass für erlogene Begründungen einer militärischen Aggression. Anders gesagt: In der Selbstdarstellung der Kriegsgegner werden ausnahmslos Verteidigungskriege geführt. Nichtstaatliche Akteure fühlen sich ohnehin häufig nicht an das Völkerrecht gebunden.

Als unterschiedliche Kriegstypen werden Kriege zwischen Staaten, Bürgerkriege und Kriege zwischen nichtstaatlichen Akteuren bezeichnet. Diese Dreier-Typologie kennzeichnet weitgehend Kriegsgeschehen des modernen Staatensystems, wenn es auch Bürgerkriege bereits in länger zurückliegenden Epochen gegeben hat, zum Beispiel im Imperium Romanum. Die Revolutionen der Moderne, angefangen mit der Französischen Revolution, mündeten oft in Bürgerkriege. Aber auch Staatsstreiche, häufig ausgehend von sich als systematisch benachteiligt ansehenden Volksgruppen, oder Militärputsche von unzufriedenen Teilen der Streitkräfte können, wenn sie nicht sofort zu einem Machtwechsel führen, Bürgerkriege auslösen. Je nach dem Kräfteverhältnis der beteiligten innerstaatlichen Gegner können sich solche Bürgerkriege lange hinziehen. Die Erbitterung der

Bürgerkriegsparteien übereinander und dementsprechend die Grausamkeit der Kämpfe erreichen zuweilen hohe Intensität – bis hin zum Völkermord, wie in Ruanda 1994. In Bürgerkriege greifen oft, mal offen, meistens aber verdeckt, auch andere Staaten ein, die der einen oder anderen Kriegspartei finanzielle Hilfsmittel, Waffen oder andere Unterstützung zukommen lassen. Dass sie das tun, weil sie ihrerseits damit bestimmte Interessen verfolgen, versteht sich von selbst.

Beim Begriff der Kriegsformen handelt es sich um eine rein beschreibende Kategorie ohne politisch-moralische Wertung. Er benennt Grundformen der militärischen Auseinandersetzung. Hinsichtlich der Kampfebene unterscheidet man zwischen Landkrieg, Seekrieg (mit der Unterform U-Boot-Krieg) und Luftkrieg. Land- und Seekriege hat es schon in der Vergangenheit gegeben. U-Boot- und Luftkriege entwickelten sich seit dem frühen 20. Jahrhundert auf der Grundlage der dafür nötigen technologischen Neuerungen. Ferner lassen sich Kriegsformen nach ihren jeweiligen taktischen, operativen und strategischen Grundsätzen unterscheiden, also etwa Festungskrieg (eine ältere Form, die vor allem auch in der frühen Moderne häufig anzutreffen war), Partisanen- oder Guerillakrieg, Nuklearkrieg und andere. Es handelt sich also um einen Oberbegriff für verschiedene Variationen der Kriegführung und des Kriegsgeschehens. Manche Kriegsformen (wie der Nuklearkrieg) sind erst als Folge der technologischen Entwicklung in der ersten Hälfte des 20. Jahrhunderts entstanden. Andere (wie der Guerillakrieg) lassen sich bis in die Antike zurückverfolgen, haben sich aber seit den Volkskriegen des 19. Jahrhun-

Kriegsszenarien: Offizier der US-Luftwaffe erläutert 1962 die Flugbahn einer mit Atomsprengköpfen bestückten Mittelstreckenrakete vom Typ Pershing.

derts immer weiter perfektioniert. In einem konkreten Krieg werden verschiedene Kriegsformen oft miteinander kombiniert. Sie bilden ein Ordnungsschema für das historisch gewachsene fachliche Wissen des Militärs.

Für die in einer Gesellschaft vorherrschenden Konzepte und Kontroversen über die Art der Bedrohung der eigenen Ordnung durch einen potenziellen oder aktuellen Gegner und die gesamtstrategischen, also die Sphären von Politik und Militär übergreifenden Vorstellungen darüber, wie man sich am besten auf solche Bedrohungen vorbereitet, steht der Sammelbegriff Kriegsbilder. Konkret fallen in diese Kategorie also die verschiedenen möglichen Kriegsszenarien. Außerdem umfasst der Begriff vorherrschende Grundsätze über die politischen Zwecke des Einsatzes von Streitkräften und deren effektivste Ausstattung mit Waffen und Gerät einschließlich der dafür angemessenen Ausbildung.

In jedem Staat machen sich die politischen Führer und vor allem die militärischen Experten, aber auch, abhängig von den Mitbestimmungsmöglichkeiten, die interessierten Teile der Gesellschaft Gedanken über die Sicherheit und über mögliche Bedrohungen der eigenen Ordnung von außen. Solche Überlegungen verdichten sich zu konzeptionellen Vorstellungen darüber, wie ein eventueller künftiger Krieg aussehen könnte. Auf der Basis solcher Vorstellungen entscheidet sich, wie sich ein Staat auf einen möglichen Krieg vorbereitet – gemäß dem antiken Motto *si vis pacem, para bellum*: Wer Frieden haben will, bereite sich auf den Krieg vor.

Kriegsbilder verknüpfen empirische Sachverhalte wie etwa nachprüfbare Aussagen über den Stand der eigenen und der Rüstung potenzieller Gegner mit normativ gefärbten Einschätzungen und Voraussagen. In einem Kriegsbild wird zusammengefasst, was in einem bestimmten historischen und zivilisatorischen Kontext als Krieg, als legitime Kriegsziele und als angemessene gesellschaftliche Organisation zur Unterstützung der Streitkräfte und der Kriegführung gilt oder nach vorherrschender Meinung gelten soll. Wie auch andere normative Begriffe in Politik, Gesellschaft und Kultur bleibt die Gestalt eines geltenden Kriegsbildes immer umstritten. Kriegsbild-Diskurse sind nicht zuletzt deshalb so aufschlussreich, weil sich in ihnen herauskristallisiert, wie sich eine Gesellschaft und ihre politischen und militärischen Führungen den »nächsten Krieg« ausmalen. Damit haben Kriegsbilder einen beträchtlichen Einfluss auf alle Planungen und budgetären Schwerpunktsetzungen in der Sicherheits- und Verteidigungspolitik eines Landes. Doch waren und sind die Einschätzungen, wie ein möglicher nächster Krieg aussehen wird, oftmals grundfalsch. Am deutlichsten zeigen das die Fehleinschätzungen aller europäischen Mächte am Vorabend des Ersten Weltkriegs.

Neue, asymmetrische Kriege

Seit dem Übergang vom 20. zum 21. Jahrhundert ist oft von den »Neuen Kriegen« die Rede. Dieser Begriff ist an und für sich wenig aussagekräftig. Als nützlich erweist er sich jedoch insofern, als er charakteristische Unterschiede zwischen den in den Jahrzehnten des Ost-West-Konflikts vorherrschenden Kriegsbildern und den neuartigen Gewaltphänomenen seit den späten 1980er und 1990er Jahren beleuchtet.

Auf der politischen Ebene der Akteure geht es dabei vor allem um die Konsequenzen einer sich nach dem Ende des Ost-West-Konflikts 1989/90 besonders nachdrücklich bemerkbar machenden Schwächung der Integrationskraft von Staaten. Auf verschiedenen Kontinenten konnte man (meist über ethnische Identitäten motivierte) Sezessionsversuche beobachten. Manche multi-ethnische Staaten wie Jugoslawien oder die Sowjetunion zerfielen gänzlich. Andere verwandelten sich in Zonen permanenter Gewalt. An solchen Kriegen beteiligen sich unterschiedliche militärische Akteure: lokale Warlords mit privat unterhaltenen Milizen, Söldnertruppen, zuweilen auch spontan und unkoordiniert militarisierte Zivilisten, kriminelle Clans, in ihrer Effizienz geschwächte reguläre Truppen (oft mitten in einem Auflösungsprozess), aber auch multinationale Kriseninterventionskräfte mit einem Mandat der UNO oder einer anderen internationalen Organisation. Gewalt wird hier allgegenwärtig. Die Trennlinie zwischen regulärer (legaler) und irregulärer (illegaler) Gewalt löst sich ebenso auf wie die Unterscheidung zwischen Kombattanten und Zivilbevölkerung. Die Regeln des humanitären Völkerrechts werden von kaum einem der Akteure beachtet. Für einige von ihnen erweist sich diese Konstellation als durchaus lukrativ. Sie machen aus dem andauernden Krieg ein privates Geschäftsmodell.

Verschwindet der Staat, verschwinden auch die herkömmlichen Streitkräfte, deren Legitimität auf den staatlichen Anspruch auf das Monopol physischer Gewalt zurückgeht. Oder sie werden zu einem *tribe among tribes* (zu einer unter mehreren Stammesgemeinschaften), wie es der französische Militärsoziologe Bernard Boëne formuliert hat. Zudem verbreitert sich das Spektrum des Waffengebrauchs; ein Akzent liegt dabei auf den Handfeuerwaffen. Nicht zufällig gelten die aus sowjetischer/russischer Fabrikation stammenden Sturm- und Maschinengewehre vom Typ Kalaschnikow als Ikone milizionärer Gewalt. Aber auch entsprechende Waffen aus anderer Produktion finden hier Benutzung, dazu leichte Artilleriegeschütze, kleinere und handliche Luftabwehrraketen (wie die amerikanische Stinger), Transporthubschrauber, Panzergeschütze und Landminen. In akut aufflammenden Gewaltkonfrontationen wird schließlich alles, was sich zu einer Waffe umfunktionieren lässt, eingesetzt – Macheten, Knüppel, Baseballschläger usw.

Wenn die Akteure von gewalttätigen Auseinandersetzungen nicht auf derselben, für alle verbindlichen völkerrechtlichen Grundlage handeln, wenn der Waffengang nicht nur zwischen regulären Streitkräften stattfindet, wenn das Spektrum der eingesetzten Waffen und anderer Gewaltmittel drastisch ausgeweitet ist, dann werden diese neuartigen Kriege auch als asymmetrische Kriege bezeichnet. Eine trenngenaue Abgrenzung zwischen den Begriffen symmetrischer und asymmetrischer Krieg gibt es allerdings nicht. Auch die europäischen Staatenkriege des 18. bis 20. Jahrhunderts waren keine rein symmetrischen Waffengänge, und die Kolonialkriege europäischer Mächte auf anderen Kontinenten schon gar nicht.

Die Kriegführung im 21. Jahrhundert weist gegenüber früheren Epochen eine Reihe von Neuerungen auf. Zwar haben sich die Vorhersagen mancher Experten nicht bewahrheitet, wonach in diesem Jahrhundert Staaten und ihre Streitkräfte von minder wichtiger Bedeutung für das Kriegsgeschehen seien. Dennoch ist richtig, dass die herkömmlichen Kriegsbilder eines »konventionellen« Kriegs großer Massenarmeen oder eines letztlich alles vernichtenden großen Atomkriegs in den Hintergrund gerückt (wenn auch nicht verschwunden) sind. Im Vordergrund der strategischen und operationellen Überlegungen und der Befürchtungen stehen heute andere Kriegsformen: Bürgerkriege, Terroranschläge, ethnisch und religiös angefachte Kriege mit lokalen Massakern und ethnischen »Säuberungen«, Überschneidung von kriegerischer Gewalt und organisierter (grenzüberschreitender) Kriminalität, Einsätze von Söldnern und privaten Sicherheitsfirmen, multinationale Krisenstabilisierungen und humanitäre Interventionen. Technologisch hochkomplizierte Waffensysteme (die zuweilen an ihren eigenen technologischen Standards scheitern), aus großer Ferne gesteuerte Drohnen und einfachste Handwaffen haben in den Kriegen des 21. Jahrhunderts nebeneinander ihren Platz und ihre Funktion.

Hybride Kriegführung

Zuletzt muss noch ein weiterer Begriff näher betrachtet werden, der sich einige Jahre nach der Jahrhundertwende etabliert hat. Seit der aggressiven Abtrennung der Krim von der Ukraine 2014 und dem gleichzeitigen Einsetzen einer zunächst niedrigschwellig gehaltenen gewaltsamen Intervention im Osten der Ukraine (Donbas) werden vor allem die Militäraktionen Russlands über seine Westgrenze hinaus als Beispiel für hybride Kriegführung bezeichnet.

Ein russischer Militärfachmann hat vor ein paar Jahren festgestellt, dass bei einer solchen Kriegführung nichtmilitärische Mittel einen deutlich höheren Stellenwert und in einigen Fällen auch höhere Durchschlagskraft als militärischer Waffengebrauch haben. Und genau das ist der Wortsinn von hybrid: eine Mischung unterschiedlicher Elemente, die scheinbar nicht zusammenpassen, sich aber tatsächlich wirkungsvoll ergänzen. Es handelt sich bei der

Zielscheibe Infrastruktur: Kommandozentrale der US-Luftwaffe zum Schutz vor Cyberangriffen gegen Strom-, Wasser- und Kommunikationsnetze, 2010

hybriden Kriegführung um eine Mischform von militärischen, politisch-diplomatischen, propagandistischen und digitalen Mitteln. Letztere haben infolge der rasanten Digitalisierung besondere Bedeutung gewonnen. Beispiele für Cyberattacken, deren Ausgangspunkt nur schwer aufzudecken ist, hat es in den letzten Jahren häufig gegeben – als anonyme Bedrohung ohne Absender und Vorankündigung. Hybride Kriegführung setzt also bereits lange vor einem Kriegsausbruch ein, als Zeichen aggressiver Konfliktbereitschaft unterhalb der Schwelle eines herkömmlichen Kriegs.

Hybride Kriegführung zielt selbstverständlich auf die feindlichen Streitkräfte, die sie möglichst ausschalten will. Aber in der Hauptsache zielt sie auf die gegnerische Zivilbevölkerung, die politischen Führungsstrukturen einschließlich der Verwaltung und generell auf die Funktionsfähigkeit der ins Visier genommenen Gesellschaft. Vor allem sollen deren Verteidigungsbereitschaft, das Vertrauen der Bürgerinnen und Bürger in ihre politische Führung und, im Falle von angegriffenen Demokratien, in das Regierungssystem erschüttert werden.

Es liegt auf der Hand, dass sich Erfolge hybrider Kriegführung insbesondere gegen hochkomplexe moderne Gesellschaften erzielen lassen, denn deren Widerstandsfähigkeit (Resilienz) ist leichter zu unterminieren als beispielsweise die von Gesellschaften mit einem geringen Digitalisierungsgrad und weniger medialen Angriffsflächen. Hybride Kriegführung und vor allem Cyberattacken werden deshalb im 21. Jahrhundert immer größere Bedeutung erlangen.

Rüstungstechnologische Neuerungen

Rüstungstechnologische Forschung und Entwicklung ist seit Beginn der Industrialisierung des Kriegs und seiner Vorbereitungen auf längere Zeithorizonte ausgerichtet. Das schon allein deshalb, weil Neuerungen auf dem Weg von der ersten Skizze bis zur Auslieferung serienreifer Waffen und Geräte an die Truppe viel Zeit benötigen. Dass in einem mehrere Jahre umfassenden Zeitraum ihrer Entwicklung unausgereifte Informationen an die Öffentlichkeit gelangen können und übertriebene Erwartungen an neue »Wunderwaffen« oder entsprechende Befürchtungen wecken, ist kaum vermeidbar. So sind nicht alle, aber verschiedene der in diesem Kapitel dargestellten rüstungstechnologischen Neuerungen schon etwa seit der Mitte der 1990er Jahre in Arbeit. Alles, was mit Computerisierung und Digitalisierung zusammenhängt, mit netzwerkzentrierter Kriegführung oder ferngesteuerten Waffen, wird seit Jahrzehnten aufwendig erforscht. Manches davon ist bereits auf Kriegsschauplätzen erprobt worden.

In den ersten drei Jahrzehnten des 21. Jahrhunderts hat das Tempo bei militärischen Innovationen erheblich zugenommen. Was im Übrigen die Schwierigkeiten der Militärplaner und derjenigen, die über die Beschaffung neuer Rüstungsgüter zu entscheiden haben, stark erhöht hat. Neu ist ferner die immer enger gewordene Verklammerung militärischer und ziviler Sicherheit. Der Einfluss rüstungstechnologischer Neuerungen auf die Militärstrategie und auf die zivile Gesellschaft sollte dennoch nicht dämonisiert werden. Aber ihn zu leugnen wäre falsch.

Das war in der Vergangenheit so und ist heute nicht anders. Ein weit zurückliegendes, aber sehr eindrucksvolles Beispiel für Wechselwirkungen zwischen allgemeinen gesellschaftlichen und speziellen rüstungstechnologischen Entwicklungen ist der Niedergang des Rittertums. In den großen Schlachten des Hundertjährigen Kriegs zwischen England und Frankreich (Crécy 1346, Poitiers 1356, Azincourt 1415) wurden die französischen gepanzerten Ritter von leicht beweglichen englischen Fußsoldaten besiegt, weil diese über Distanzwaffen wie Bogen, Armbrust und Kanonen verfügten. Das erlaubte ihnen eine ganz neue, andere Art der Kriegführung.

Diese rüstungstechnologischen Neuerungen waren nicht der alleinige Grund, aber einer der entscheidenden Gründe dafür, dass der mittelalterliche »Krieg der Ritter« obsolet wurde und Ritterrüstungen ins Museum wanderten. Immer wieder wurden neue Waffen, über die nur einer der beiden Gegner in einem Krieg verfügen konnte, kriegsentscheidend. Etwa das preußische Zündnadelgewehr im Krieg zwischen Preußen und Österreich 1866 oder die amerikanische Atombombe auf dem asiatischen Kriegsschauplatz am Ende des Zweiten Weltkriegs.

Quantensprünge in der Rüstungstechnologie

Aus guten Gründen beschäftigen sich also viele militärgeschichtliche Forschungen mit den rüstungstechnologischen Entwicklungen, die in der Vergangenheit die Kriegführung verändert und neue Kriegsbilder geschaffen haben. In den letzten Jahren hat sich für die Kipppunkte solcher Veränderungen in der Fachsprache (auch der deutschen) der Ausdruck *Revolution in Military Affairs* (RMA) eingebürgert. Er bezeichnet einen tiefgreifenden Wandel in der Führung eines Kriegs, der auf die Anwendung neuartiger Waffen zurückzuführen ist und eine Veränderung militärischer Doktrinen auf der strategischen, operativen und taktischen Ebene bewirkt. Die entscheidende Dynamik solchen Wandels geht dabei oft von gesellschaftlichen Veränderungen aus, die ihrerseits durch die RMA vorangetrieben werden. Zunächst erscheint der Begriff griffig, aber wer ihn zur Identifizierung kriegsgeschichtlicher Wendepunkte verwenden will, erkennt rasch, dass es mit seiner empirischen Plausibilität nicht immer weit her ist.

Das gilt besonders, wenn man Entwicklungen der jüngeren Vergangenheit beschreiben will und solche, auf die sich Gesellschaft und Streitkräfte in naher und mittlerer Zukunft gefasst machen sollten. Was genau ist mit Revolution gemeint und inwieweit betreffen militärische Angelegenheiten nicht nur die Rüstungsindustrie und die Streitkräfte? Wie im Falle vieler geistes- und sozialwissenschaftlicher Analyse- und Vergleichskonzepte gibt es auch hier ganz unterschiedliche definitorische Akzente. Vor allem ist die Versuchung groß, den Begriff immer kleinteiliger zu verwenden. Vor dem Hintergrund des technischen Wandels der Gegenwart gibt es so mit einem Mal viele RMAs. Dadurch wird jedoch der Begriff immer mehr abgeschliffen und büßt schließlich einen großen Teil seiner Aussagekraft ein.

Dennoch lassen sich im 20. Jahrhundert bei aller Vorsicht im Gebrauch des Ausdrucks RMA drei militärische Neuerungen ausmachen, die Theorie und Praxis der Vorbereitung und Führung von bewaffneten Auseinandersetzungen und unsere Vorstellungen vom Krieg bis heute nachhaltig beeinflusst haben:

In der zweiten Hälfte des Ersten Weltkriegs eröffneten die ersten gepanzerten Kampfwagen auf dem Land und Flugmaschinen in der Luft neue Möglichkeiten der Kriegführung. Im Zweiten Weltkrieg wurden sie dann in großer Zahl eingesetzt und zu eigenständigen Formen der Kriegführung.

Guerilla- oder Kleinkrieg hat es schon früher gegeben. Aber erst von den 1930er Jahren an wurde diese Kriegsform zu einem entscheidenden Faktor in weltpolitischen Konflikten wie dem chinesischen Bürgerkrieg (mit dem Sieg der Kommunisten über die Kuomintang 1949) und den Antikolonialkriegen der folgenden Jahrzehnte. Einige Autoren bezeichnen diese zunehmende Bedeutung der sub-konventionellen Kriegführung ebenfalls als RMA, obwohl von rüstungstechnologischen Neuerungen hier kaum die Rede sein kann.

Nach dem Ende des Zweiten Weltkriegs kam es zu einem Rüstungswettlauf zwischen den beiden »Supermächten« USA und UdSSR. Dabei ging es zunächst hauptsächlich um die Herstellung und den Besitz von Massenvernichtungswaffen, in erster Linie Nuklearwaffen – und um weitreichende Trägermittel (Flugzeuge, unbemannte ballistische Raketen).

Auch wenn man nicht jede der hier genannten Erweiterungen und Ergänzungen unserer Vorstellung von moderner Kriegführung als revolutionär einstuft, sollte man ihre Dramatik nicht unterschätzen. Am ehesten trifft das Adjektiv die enorm rasche Entwicklung der Nuklearwaffen. Prägnant hat das einer der renommiertesten Militärfachleute seiner Generation ausgedrückt, der Amerikaner Bernard Brodie, als er 1945 schrieb, bis jetzt sei es immer die Aufgabe von Streitkräften gewesen, Kriege zu gewinnen. Aber von nun an würde Kriegsverhinderung ihr Hauptzweck werden. Brodie hatte dabei freilich Kriege mit Atomwaffen vor Augen. Deren Zerstörungspotenzial hat sich in den Jahrzehnten nach dem (ersten und bislang einzigen) Einsatz von solchen Waffen in Hiroshima und Nagasaki exponentiell erhöht.

Es gehört indes zu den Charakteristika der Kriegsentwicklung und darf nicht übersehen werden, dass überkommene Formen der Gewaltanwendung durch rüstungstechnologische Innovationen keineswegs an praktischer Bedeutung verlieren. Das Spektrum an einsatzbereiten Waffen wird breiter, überlieferte taktische und operative Grundsätze werden ergänzt und den neuen Möglichkeiten angepasst. Der Horizont der Militärstrategie wird durch solche Neuerungen erweitert. Er umfasst jetzt neue Optionen, ohne dass die alten dadurch automatisch negiert werden. Nichts wird ein für alle Mal gänzlich aus dem Blick verloren; auch in den jüngsten kriegerischen Auseinandersetzungen können scheinbar altmodische Waffen und scheinbar überholte Taktiken entscheidende Akzente setzen.

Die Kriege im 21. Jahrhundert und ihre strategisch-operativen Planungen und Abläufe sind deshalb weniger von den rüstungstechnologischen Neuerungen in diesem Zeitraum bestimmt worden, als man vermuten könnte. Bis jetzt jedenfalls – das mag sich ändern, wenn die aktuellen Neuerungen aus den Stadien Forschung und Entwicklung und der Erprobung von Prototypen in das Stadium der Massenproduktion und -verbreitung übergehen werden. Einzelne Beispiele dafür gibt es bereits, etwa den militärischen Einsatz von Drohnen.

Offenkundig ist allerdings die Beschleunigung rüstungstechnologischer Entwicklungen seit etwa vier Jahrzehnten, wodurch der Ausdruck RMA überhaupt erst seine Prominenz im Fachdiskurs erlangte. Im »elektronischen Zeitalter« verbesserte sich zunächst die Präzision der Aufklärung über kontinentweite Entfernungen, ebenso die Steuerungsmöglichkeit von weitreichenden Waffen. Die sprunghafte Entwicklung der Computertechnologie brachte ungeahnte Veränderungen – sowohl in Wirtschaft, Industrie und ziviler Arbeitswelt als auch auf militärischem Gebiet. Die zivilen und militärischen Verwendungsmöglichkeiten dieser Technologien ließen sich immer weniger voneinander abgrenzen, mit erheblichen Folgen für die Bedrohungswahrnehmungen moderner Gesellschaften.

Viel spricht dafür, dass die Dramatik und Intensität des Prozesses rüstungstechnologischer Innovationen in den vor uns liegenden Jahren nicht abnehmen, sondern eher noch weiter zunehmen werden. Diese Entwicklungen verknüpfen in bislang noch nicht dagewesener Art und Weise zivile und militärische Aspekte aufs Engste miteinander. Zwar bleiben viele heute angestellte Überlegungen zu ihren Auswirkungen auf die Kriegführung erst einmal spekulativ (was sie indes nicht unbedingt unnütz macht). Aber man sollte den Begriff Revolution nicht nur als unerwartet und plötzlich auftretenden Vorgang begreifen, der sozusagen im Handumdrehen alte und brüchig gewordene soziale und politische Verhältnisse einstürzen lässt.

Die über einen längeren (wiewohl nicht allzu langen) Zeitraum hinweg sich vollziehende Veränderung der technologisch-industriellen Grundlagen gesellschaftlicher und politischer Gegebenheiten kann wegen ihrer dramatischen Auswirkungen auf die verschiedensten Lebensbereiche, hier eben auf die Kriegführung samt der Vorbereitung darauf, durchaus als Revolution bezeichnet werden. Der forcierte technische und soziale Wandel muss nur eine über das normale Maß hinausgehende Wucht haben. Insofern hat es einiges für sich, die Vielzahl der technologischen Neuerungen, mit denen wir es heute zu tun haben, als *Revolution in Civil-Military Affairs* zu betrachten.

Aktuelle rüstungsrelevante Technologiebereiche

Im internationalen Expertendiskurs über die künftige Entwicklung von Technologien mit Auswirkungen auf die zivile *und* die militärische Sicherheit von Gesellschaften herrscht weitgehend Einigkeit. An manchen dieser Technologien wird in den Forschungslaboren seit Längerem gearbeitet; manche sind bereits erprobt, werden weiter optimiert und neuen Konstellationen angepasst. Andere liegen erst in Blaupausen vor, und es ist ungewiss, wann sie zu brauchbaren Ergebnissen führen (oder ob überhaupt), in größerer Zahl hergestellt und den (berechtigten oder unberechtigten) Nachfragern geliefert werden.

Es geht dabei insbesondere um Innovationen und Weiterentwicklungen auf folgenden Feldern:
- Fortführung der Digitalisierung;
- neue Materialien und neue Herstellungstechniken;
- Biotechnologien und Technisierung des menschlichen Körpers (*Human Enhancement*);
- elektromagnetische Energie;
- autonome Systeme;
- Künstliche Intelligenz (KI oder, im Englischen, *AI*);
- Sensortechnologie;
- Hyperschall-Antriebe;
- Weltraumtechnologien.

Manche dieser Technologiebereiche überschneiden sich. So haben die gerade sprunghaften Fortschritte der Forschungen über Künstliche Intelligenz beträchtliche Auswirkungen auf eine große Zahl ziviler und militärischer Technologien. Forschungen zur Künstlichen Intelligenz gehen Hand in Hand mit solchen über Quantencomputer, die Speicherung und Verarbeitung riesiger Datenmengen (*Big Data*), das »Internet der Dinge«, die Miniaturisierung, die Robotik und autonome Systeme. Das »Internet der Dinge« muss man sich als Netzwerke vorstellen, die über ihre Software und etwa mittels Sensoren verschiedene Geräte und

Systeme so miteinander verknüpfen, dass zwischen ihnen Daten hin- und herfließen können.

Energie-Waffen verwenden konzentrierte elektromagnetische Energie anstelle von kinetischer (Bewegungs-) Energie, um Waffen und Geräte, Fähigkeiten oder Personal feindlicher Truppen oder Infrastruktur außer Gefecht zu setzen, zu schädigen, zu deaktivieren oder zu zerstören.

Künstliche Intelligenz

Künstliche Intelligenz, dazu braucht es keine prognostischen Fähigkeiten, wird fundamentale Veränderungen in sehr vielen und vor allem in sehr wichtigen Bereichen des Alltagslebens in modernen Gesellschaften bewirken – wenn sie denn erst einmal nicht nur in deren Randbereichen (wie etwa im Fall von ChatGPT) einsetzbar ist. Das jedoch wird schneller als gedacht auf uns zukommen. KI wird sich auf dem Feld der Politik als ein neuartiges Machtmittel erweisen. Und sie könnte im Hinblick auf die Konkurrenz der Mächte eine Quelle permanenter Instabilität werden.

Künstliche Intelligenz selbst ist keine Waffe. Sie ist viel mehr als das. Sie lässt sich definieren als eine Methodik zur Erweiterung und Optimierung menschlicher Wahrnehmungs- und Verstandesleistungen mittels technischer Systeme, insbesondere solcher, die Informationen aufnehmen, ordnen und Schlüsse daraus ziehen können. Diese Methodik wird, wenn sie sich weiter und in dem bis jetzt vorgelegten Tempo perfektioniert, so gut wie alle Lebensbereiche der Menschen tangieren – eben auch das Militär, die

Rüstung und die Kriegführung. Das mag für das dritte Jahrzehnt unseres Jahrhunderts noch Zukunftsmusik sein, aber manches davon ist schon absehbar. Es ist also höchste Zeit für Antizipationen, um von sprunghaften Entwicklungen der KI nicht überrascht zu werden.

Auf konflikt- und sicherheitspolitischer Ebene wirkt Künstliche Intelligenz als Machtverstärker in militärischen Konfrontationen, und zwar überall dort, wo Elektrizität, Radiowellen oder Radar im Spiel sind. Das wird im anglophonen militärischen Fachvokabular als *C4ISR* bezeichnet und ist die Abkürzung von *Command, Control, Communications, Computer, Intelligence, Surveillance and Reconnaissance* (also in etwa: Führung, Kontrolle, Kommunikation, Computersysteme, Nachrichtenwesen, Überwachung und Aufklärung). Wesentliche Aufgaben moderner Streitkräfte werden in wachsendem Maße vom Einsatz Künsticher Intelligenz, zum Beispiel von Militärrobotern und unbemannten Flug- und Unterwasserobjekten, bestimmt werden.

Nach der Überwindung der Konstruktions- und Produktionsprobleme solcher durch Künstliche Intelligenz gesteuerter Objekte können sie als eher billige Waffen für eine große Zahl defensiver und offensiver Aufgaben eingesetzt werden. Menschlichen Bedienern von Waffen sind sie in vielerlei Hinsicht überlegen. Sie nehmen mehr Daten in kürzerer Zeit auf und verarbeiten sie nach den Vorgaben ihrer Algorithmen. Während bis jetzt taktische, operative und militärstrategische Entscheidungen von der Geschwindigkeit menschlicher Lagebeurteilung und Entscheidungsfindung abhängen (*Human-Speed Decisions*), wird beim Einsatz KI-gesteuerter

Beängstigendes Szenario: Protest gegen die Entwicklung von »Killer-Robotern«, die autonom über Leben und Tod entscheiden können, hier in Berlin 2019

Waffen beides nach und nach über integrierte Schnittstellen zwischen dem menschlichen Gehirn und elektronischen Geräten mit Künstlicher Intelligenz beschleunigt.

Dass sich hier auch Probleme auftun, liegt auf der Hand. Bei Anwendungen von KI in militärischen Systemen auf dem erweiterten Gefechtsfeld sind das erstens technische, zweitens sachliche und drittens ethische Probleme. So wie in komplexen Situationen das menschliche Handeln nicht selten fehlerhaft ist (»menschliches Versagen«), so mag es auch in den durch Künstliche Intelligenz gesteuerten komplexen Systemen zum Ausfall einzelner ihrer Komponenten oder zu Fehlschaltungen kommen (»technisches Versagen«).

Als noch schwieriger werden sich Situationen erweisen, in denen die Eigenlogik der Künstlichen Intelligenz zu Systementscheidungen und Handlungen führt, die dem Einsatzziel entgegenstehen, etwa weil sich kurzfristig oder unmerklich die Einsatzbedingungen verändert haben. Dann könnte es notwendig werden, diese Systeme durch menschliche Kontrolle und das Eingreifen in Leitstellen und Leitungsstäben solchen neuen Bedingungen während der Operation anzupassen, was eigentlich nicht vorgesehen ist. Es stellt sich damit die Frage, wie »autonom« diese Systeme sind und inwieweit bestimmte einschränkende Aspekte für ihre Aktionen entweder einprogrammiert oder jederzeit, wenn sich die Notwendigkeit dazu ergibt, von außen ins Spiel gebracht werden können.

Unbemannte militärische Systeme

In den letzten Jahren hat man die Probleme der Selbststeuerung von Waffensystemen zu entschärfen versucht, indem deren Automatisierungsgrad zwar weiter erhöht wurde, aber möglichst nicht bis zum Status völliger Autonomie. Solche Systeme, gleichviel ob sie sich in der Luft, auf dem Boden oder in der See (oberhalb wie unterhalb der Oberfläche) bewegen, waren bis jetzt nicht wirklich autonom, sondern nur automatisiert.

Ein automatisiertes System ist so programmiert, dass sein Verhalten durch das Einschreiben bestimmter Handlungsweisen mittels bestimmter Algorithmen im Prinzip festgelegt ist, was einen gewissen Spielraum und entsprechende Flexibilität innerhalb einer vorgegebenen Bandbreite nicht ausschließt. Die entscheidende und auch jederzeit eingriffsfähige Instanz bleibt jedoch der Mensch. Um einen in der deutschen Militärtradition hochgehaltenen Einsatzgrundsatz als Vergleich heranzuziehen: Ein automatisiertes System handelt im Sinne der Auftragstaktik. Seine Aufgaben sind festgelegt, aber im Zuge seines Einsatzes kann es quasi selbstständig entscheiden, wie es diese Aufgaben erfüllt.

Im Gegensatz dazu eröffnet die Programmierung eines autonomen Systems diesem die Möglichkeit, seine Aufgabenstellung um- und neu zu definieren, sobald es sich aufgrund eigenständig gesammelter und verarbeiteter Daten zu diesem Schritt entschließt. Menschliche Steuerung ist hier nicht mehr möglich. Es können auch keine sicheren Vorhersagen über das Verhalten eines solchen Systems gemacht werden. Autonom heißt also unabhängig von menschlichen Entscheidungen. Das System entscheidet selbst über sein Verhalten.

Aktuell sind in der Rüstungstechnologie Entwicklungen hin zu fortlaufender Optimierung automatisierter Systeme zu beobachten. Das gilt in gleicher Weise für waffentragende Fahrzeuge in der Luft, auf See und auf dem Land. Die Streitkräfte der großen Mächte verfügen bereits seit einigen Jahren über solche Systeme, etwa Drohnen verschiedener Größe, unbemannte Kampfboote zur Überwachung von Küsten und Häfen, unbemannte U-Boote, unbemannte Kettenfahrzeuge verschiedener Größe. Zwar sind die meisten dieser Systeme sehr teuer, aber es gibt auch Ausnahmen: etwa bei den Drohnen, die sich mehr und mehr auch die

Künstliche Intelligenz und Fernsteuerung: Die Entwicklung von teilweise autonomen Roboterfahrzeugen ist in vollem Gange.

Streitkräfte kleinerer Länder und ebenso nichtstaatliche Akteure wie private Milizen, Söldnergruppen oder Terrororganisationen leisten können.

Viel Fantasie ist nicht nötig, um den qualitativen Fortschritt und weitere quantitative Verbreitung unbemannter militärischer Systeme vorherzusagen: Fernsteuerung, mehr als nur ansatzweise automatisierte Auftragserfüllung, vielleicht nicht völlige, aber weitgehende Autonomie bei der Ausübung ihrer ihnen eingeschriebenen Funktionen der

Überwachung oder Störung feindlicher Waffen oder Infrastruktur werden bald militärischer Alltag sein. Diese Veränderungen verlangen nach einer Erweiterung des Bildes vom Soldaten. Zu dessen Aufgaben gehören zunehmend komplizierte militärtechnische Fertigkeiten. Mit anderen Worten: Die Professionalität der Soldaten differenziert sich weiter aus. Für den Einsatz unbemannter Systeme braucht es Techniker, Ingenieure, Logistiker. Für militärische Sondereinsätze werden Soldaten mit spezieller Kampfausbildung benötigt, die als Kämpfer mit modernster Technologie ausgestattet sind und damit umzugehen wissen.

Disruption

Der Kampf auf dem Gefechtsfeld oder hinter den feindlichen Linien, Angriffe und gegebenenfalls Gegenangriffe auf das feindliche Territorium – das wird auch mit den rüstungstechnologischen Neuerungen der letzten und der vor uns liegenden Jahre ein wichtiges Element von Kriegen im 21. Jahrhundert bleiben. Ebenso das Ziel des militärischen Sieges über die feindlichen Streitkräfte und das Brechen des Widerstandswillens der Bevölkerung des feindlichen Staates oder in den umkämpften Territorien. Relativ neu hinzugekommen, weil durch die rasante Entwicklung der Informations- und Kommunikationstechnologie ermöglicht, sind Cyber-Operationen in der Absicht, die Abläufe in komplexen und deshalb besonders störanfälligen Systemen zu stören. Das Ziel können feindliche Waffensysteme sein, die dadurch außer Gefecht gesetzt werden, aber ebenso gut auch die zivile Infrastruktur. Die Grenzen zwischen militärischem und zivilem Bereich sind bereits sehr löchrig geworden.

Der Cyberraum ist nicht eigentlich ein »Raum«, vielmehr die Summe aller vernetzten informationstechnischen Systeme, einschließlich derjenigen, deren Vernetzung durch hohe Zugangsbarrieren verhindert oder zumindest kontrolliert werden soll. Bei Disruptions-Operationen im Cyberraum geht es darum, solche Zugangsbarrieren zu überwinden und dadurch die Funktionsfähigkeit der attackierten Ziele zu stören oder selbst die Kontrolle über sie zu erlangen. Ausgeführt werden solche Aktionen teils von staatlichen, teils von privaten Akteuren in staatlichem Auftrag oder aus eigenem Interesse, teils auch schlicht von kriminellen Banden. Seit mehreren Jahren lesen wir von solchen Hacker-Angriffen aus dem Cyberraum. Staaten und private Institutionen wie Unternehmen oder Banken mühen sich, die von ihnen verwalteten Datenmengen vor fremden Zugriffen zu schützen. Die Abwehrfähigkeit gegenüber solchen Attacken nennt man Resilienz, ein Begriff, der allerdings auch die Fähigkeit von Menschen und Gruppen umfasst, psychischen Druck auszuhalten und physische Zerstörungen zu verkraften.

In den kriegerischen Auseinandersetzungen im 21. Jahrhundert werden disruptive Attacken und die Anstrengungen, sich dagegen zu wappnen, an Bedeutung gewinnen. Die Disruptionswaffen sind dabei virtuell, das heißt, ihre Zerstörungskraft, die beträchtlich sein kann, benötigt keine eigene militärische Hardware. Sie zerstören auch keine Hardware beim Attackierten, vielmehr setzen sie diese außer

Funktion und machen sie dadurch unwirksam. Das kann auf indirekte Weise die (Selbst-)Zerstörung funktionaler Zusammenhänge zur Folge haben. Bekanntestes Beispiel für eine solche Attacke ist die zwischen 2008 und 2010 erreichte Unbrauchbarmachung einiger Tausend Zentrifugen, mit denen die Regierung des Iran für den Bau eigener Nuklearwaffen Uran anzureichern begonnen hatte.

Hyperschallwaffen und Drohnen

Zwei aktuelle Beispiele für rüstungstechnologische Neuerungen mit absehbar beträchtlichem Einfluss auf die Kriegführung in den vor uns liegenden Jahren sind Hyperschallwaffen und Drohnen.

Hyperschallwaffen fliegen mit mindestens fünffacher Schallgeschwindigkeit und können in einer Stunde über 6000 Kilometer zurücklegen. Von den ebenfalls mit mehrfacher Schallgeschwindigkeit fliegenden Interkontinentalraketen unterscheidet sie, dass ihre Flugbahn keine ballistische Kurve ist. Sie bleiben nach ihrem Abschuss manövrierfähig und sind dadurch schwer zu orten. Unterschieden wird zwischen zwei Arten von Hyperschallwaffen, den Gleitflugkörpern (*Hypersonic Glide Vehicles*) ohne eigenen Antrieb und den hyperschnellen Marschflugkörpern (*Hypersonic Cruise Missiles*) mit eigenem Triebwerk. Ein Bericht des Congressional Research Service, einer Einrichtung des US-Kongresses, aus dem Jahr 2019 schildert den Wettbewerb der Großmächte USA, China und Russland um solche Waffen. Auch andere Mächte, darunter Australien, Indien, Japan, Frankreich und Deutschland, haben Entwicklungsprogramme für die Technologie von Hyperschallwaffen. Manche dieser Programme sind schon weit fortgeschritten, auch wenn über die Einsatzfähigkeit der Waffen derzeit nichts Genaues bekannt ist. So hat Russland mehrfach angekündigt, in der Ukraine die Hyperschallrakete Kinschal einzusetzen. Sie soll eine Reichweite von 1500 bis 2000 Kilometern haben und mit einer Geschwindigkeit bis zu 10 Mach (zehnfache Schallgeschwindigkeit) fliegen können. Insgesamt stellen diese Waffen, wenn sie denn ausgereift sein werden, den angegriffenen Staat vor große Probleme, weil die Zeitspanne zwischen Abschuss und Zieleinschlag sehr kurz und das Flugobjekt kaum zu orten ist. So wird es extrem schwer, mit der eigenen Flugabwehr rechtzeitig zu reagieren.

Mit Beginn des 21. Jahrhunderts setzte die rasche Entwicklung der Drohnen-Technologie ein. Drohnen sind unbemannte Flugkörper unterschiedlicher Größe. Sie können kleinere oder größere Nutzlasten transportieren und zur Aufklärung und Überwachung aus der Luft eingesetzt werden – oder auch als Kampfdrohnen zum Angriff auf feindliche Stellungen oder andere Ziele. Sie werden elektronisch ferngesteuert. Heute werden Drohnen auch für ein sich verbreiterndes Spektrum ziviler Zwecke genutzt. Ihren spektakulären militärischen Einsatz hatten sie als Kriegsmittel in dem von den USA ausgerufenen globalen »Krieg gegen den Terror«. In diesem Kontext wurden sie vor allem als Werkzeug für gezielte Tötungen von zuvor identifizierten Terroristen in Ländern wie Pakistan oder Jemen verwendet. Auch Israel hat nach 2010 Drohnen gegen palästinensische Terroristen eingesetzt. Solche Einsätze trafen die anvisierte Person oft zielgenau. Manchmal verfehlten sie sie aber auch und töteten nur marginal oder gar nicht beteiligte Menschen.

In den letzten Jahren setzte dann die erwartbare Weiterverbreitung von Drohnen ein. Viele Länder, gerade auch solche mit autoritären Regierungen, nahmen die Produktion von Drohnen auf, etwa China oder der Iran. Auch die Türkei stellt Drohnen her und treibt einen regen Handel damit. Die massenweise Produktion von Drohnen ist vergleichsweise einfach. Drohnen sind billig, und darum haben viele ärmere Länder großes Interesse an ihnen. Sicherheitspolitiker und Militärfachleute haben deshalb insbesondere die kurzzeitige militärische Zuspitzung des schon lange schwelenden Konflikts zwischen Armenien und Aserbaidschan um die Region Bergkarabach genauestens verfolgt. Hier wurden erstmals Drohnen in großer Zahl eingesetzt. Die Truppen Aserbaidschans waren im Herbst 2020 in ihrem Kampf gegen die armenischen Streitkräfte mit ihren preisgünstigen, von der Türkei bezogenen Drohnen vom Typ Bayraktar TB2 sehr erfolgreich – so erfolgreich, dass manche Experten den Drohneneinsatz für kriegsentscheidend halten.

Unbestreitbar ist in jedem Fall, dass in vielen Teilen der Welt Regierungen und nichtstaatliche Akteure aus dem Konfliktverlauf um Bergkarabach die Lehre gezogen haben, für ihre Streitkräfte oder Milizen möglichst schnell möglichst viele Drohnen anzuschaffen. Niger setzt Drohnen ein, um damit die Bewegungen dschihadistischer Gruppierungen in seinen Provinzen aufzuspüren. Drohnen haben

Automatisierte Systeme ermöglichen Angriffe aus weiter Entfernung: Eine US-amerikanische Drohne vom Typ MQ-9 Reaper

Ende 2021 der Regierung Äthiopiens entscheidend dabei geholfen, den Vormarsch der aufständischen Tigray Defence Forces auf die Hauptstadt zurückzuschlagen. Drohnen, so die Prognose, werden in den vor uns liegenden Jahren in kriegerischen Auseinandersetzungen von allen beteiligten Akteuren eingesetzt werden. Die technologische Spannweite zwischen einfachen und billigen Drohnen und solchen, in denen mehr und teurere elektronische Ausstattung steckt, wird dabei weiter wachsen.

Alte und neue Waffen

Seit Beginn des dritten Jahrzehnts unseres Jahrhunderts steigen die Militärausgaben auf vielen Kontinenten drastisch an. Japan, Südkorea, Australien und andere pazifische Mächte reagieren damit auf die militärisch immer selbstbewusstere Politik Chinas und seine unklar gehaltenen Drohungen an die Adresse Taiwans sowie die kalkuliert unberechenbare nukleare Rüstungspolitik Nordkoreas. Den NATO-Staaten ist spätestens durch den russischen Angriff auf die Ukraine die bedrohliche Lage ihrer nordost- und ostmitteleuropäischen Mitgliedsstaaten vor Augen geführt worden. Auch sie erhöhen ihre Militäretats. Diese werden nicht zuletzt durch die Waffenlieferungen an die Ukraine belastet, die die westeuropäischen NATO-Staaten und die USA und Kanada mit unterschiedlichem Tempo seit dem Februar 2022 aufgenommen haben.

Es dauert allerdings, bis aus dem »mehr Geld« schließlich »mehr Waffen« werden, vor allem: bessere Waffen. Deren Beschaffungsprozess erfährt vielfach Phasen, in denen nichts oder nicht viel außer bürokratischen Routinen in Gang gesetzt wird. Das variiert von Land zu Land; bei der Beschaffungsgeschwindigkeit steht Deutschland ziemlich weit unten auf der Rangskala.

Was aber ist zu tun, wenn die militärische Handlungsbereitschaft nicht erst in sieben oder zehn Jahren erhöht sein soll, sondern sofort? Wer die Kriegsschauplätze der Gegenwart überblickt, wird gewahr, dass die Ausrüstung der Soldaten und die eingesetzten Waffensysteme keineswegs immer und überall auf dem neuesten Stand der Rüstungstechnologie sind. Zwar gibt es spektakuläre Ausnahmen, etwa den, zynisch ausgedrückt, bisherigen Shootingstar unter den Waffensystemen des 21. Jahrhunderts, die Drohnen. Aber vielfach sind es schon lange in Gebrauch befindliche Waffen, die auf dem Gefechtsfeld zum Einsatz kommen.

Nachdem Russland die Ukraine angegriffen hatte, benötigten die ukrainischen Streitkräfte dringend Waffen zur Gegenwehr. Hauptsächlich verfügten sie über Panzer unterschiedlicher Typen aus der Sowjetzeit. Die NATO hatte Gründe, diesen Angriff als eine Art Vorspiel weiteren russischen Ausgreifens auf ehemaliges Sowjetterritorium an der russischen Westgrenze zu werten. Also sagten sie der Regierung in Kiew Waffenhilfe zu.

Geliefert wurden aber nach einigen Anlaufschwierigkeiten mangels Masse erst einmal nicht ganz neue Waffen. Vielmehr wurden die westlichen Arsenale nach überhaupt einigermaßen einsatzbereiten Waffen durchforstet und häufig ältere oder wirklich alte übergeben. Viel wurde über den einen oder anderen Ringtausch von Panzern berichtet: Die Slowakei lieferte an die Ukraine schon etwas betagte 30 Schützenpanzer des sowjetischen Typs BMP-1, wofür sie ihrerseits etwas später von Deutschland 15 modernere Kampfpanzer Leopard 2 A4 erhielt. Ein ähnlicher Dreiecksdeal wurde zwischen Deutschland, der Ukraine und Griechenland abgeschlossen. Die Motivlage Deutschlands bei solchen direkten und indirekten Lieferungen älterer Waffen an die Ukraine ist vielschichtig, teils diktiert von der Mangelsituation in den eigenen Beständen, teils beeinflusst von intern und öffentlich um-strittenen Vorsichtsüberlegungen hinsichtlich möglicher Eskalationen der Gewalt in der Ukraine und darüber hinaus.

Auch auf russischer Seite sind in diesem Krieg viele Waffen im Einsatz, die im Grunde schon gegen Ende des Ost-West-Konflikts oder im ersten Jahrzehnt danach verwendet wurden. Sie sind den neueren und neusten Waffen in vielfacher Hinsicht unterlegen, doch häufig robuster und weniger störanfällig. Die Soldaten kennen sie und können sie routiniert einsetzen, ohne auf Gebrauchsanweisungs-Handbücher zurückgreifen zu müssen.

Auf anderen Kriegsschauplätzen der letzten drei Jahrzehnte, etwa in den Kriegen, die zum Auseinanderfallen Jugoslawiens führten, dem genozidalen Bürgerkrieg in Ruanda, anderen bürgerkriegsähnlichen Auseinandersetzungen in Teilen Afrikas oder den Kämpfen zwischen einzelnen Warlords in Afghanistan, sind ebenfalls in größerer Zahl alte, manchmal sogar sehr alte Waffen eingesetzt worden – von Knüppeln und Macheten bis zum anscheinend unverwüstlichen Kalaschnikow-Sturmgewehr vom Ende des Zweiten Weltkriegs, das allerdings im Lauf der Jahrzehnte weiterentwickelt wurde.

Das heißt jedoch keineswegs, dass in diesen Kriegen nicht auch neuere (wenn auch vielleicht nicht die allerneuesten) Waffen verwendet worden wären. Entscheidend ist, dass es in den Kriegen des 21. Jahrhunderts bislang zu einem gleichzeitigen Einsatz alter und neuer Waffen kommt. Je nach den spezifischen lokalen Umständen überwiegen dabei mal die einen, mal die anderen. Die Ausstattung mit neueren Rüstungsgütern allein ist dabei keine Garantie für den Sieg auf dem Gefechtsfeld.

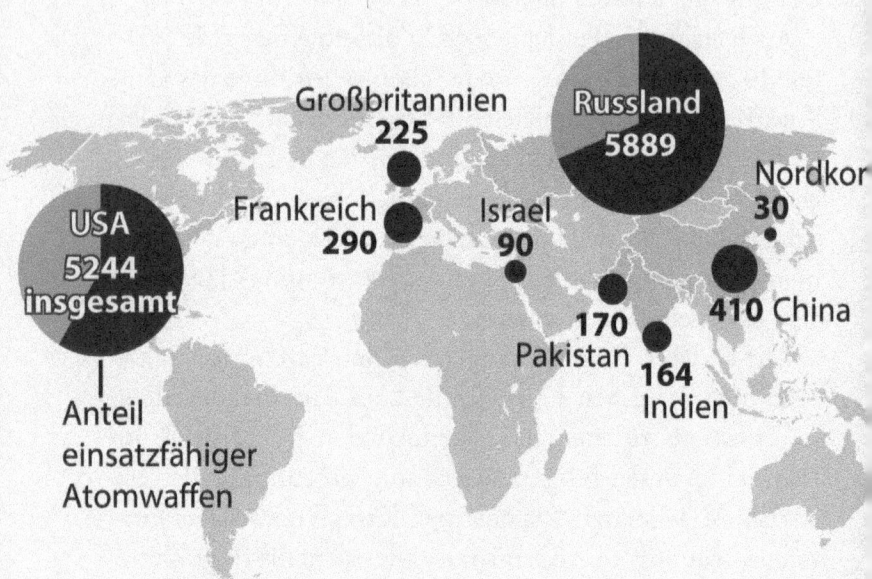

Atomclub: Anfang 2023 besaßen neun Länder geschätzte 12 512 Nuklearwaffen, 9576 davon waren einsatzfähig.

Schließlich muss in diesem Zusammenhang ein beunruhigender Sachverhalt thematisiert werden. Der sogenannte Atomclub, also die Staaten mit eigenen Nuklearwaffen-Arsenalen, hat sich in den letzten Jahren, wenn auch nicht dramatisch, vergrößert. So weit erkennbar, gehören ihm derzeit neun Mächte an: die Vereinigten Staaten, Russland, China, Frankreich, Großbritannien, Indien, Pakistan, Israel und Nordkorea. Auch der Iran und möglicherweise Saudi-Arabien streben nach dem Besitz von Atomwaffen. Die

Zahl und die Zerstörungskraft der nuklearen Sprengkörper variiert beträchtlich, aber alle Atomwaffenstaaten beschäftigen sich mit ihrer Weiterentwicklung.

Nach den Atombombenabwürfen von Hiroshima und Nagasaki 1945 wurden solche Waffen bis heute nicht mehr eingesetzt. Sollte aber das nukleare »Gleichgewicht des Schreckens«, das paradoxerweise während des Ost-West-Konflikts zu seiner Stabilisierung beigetragen hat, aus der Balance geraten, werden Kriegsszenarien mit Beteiligung von Nuklearwaffen wahrscheinlicher.

Krieg als Geschäft

Jeder Krieg bringt Verluste. Nicht nur an Menschenleben. Kriege zerstören oder beeinträchtigen die materiellen Lebensgrundlagen von allen, die direkt oder indirekt von ihnen betroffen sind. Das ist eine Binsenwahrheit, für die es in Vergangenheit und Gegenwart unzählige Beispiele gibt. Selbst wenn aus einem Krieg eine der kämpfenden Parteien als Sieger hervorgeht, gibt es doch auch in ihren Reihen viele Verluste zu beklagen. Die volkstümliche Formel »Der Sieger kriegt alles« ist zu einfach; der Sieger zahlt fast immer einen hohen Preis. Daraus lässt sich der Schluss ziehen: Kriegsverlierer sind alle, auch die Sieger. Jedoch ist diese Schlussfolgerung ebenfalls voreilig. Jeder Krieg bringt nicht nur Verluste, sondern auch Gewinne – nur eben selbst unter den Siegern in sehr ungleicher Verteilung. Allenfalls ein eskalierter Nuklearkrieg ist davon ausgenommen. Hier gilt der Grundsatz aus der Zeit der nuklearen Ost-West-Konfrontation: Wer als Erster schießt, stirbt als Zweiter. Und wer dennoch überlebt, wird aller Voraussicht nach kein Sieger sein.

Es ist in jedem Fall schwierig, eine Gesamtbilanz von Verlusten und Gewinnen nach dem Ende eines Kriegs zu ziehen. Bilanzieren lassen sich jedoch die ökonomischen Vorteile, die sich bestimmte Individuen und Gruppen dadurch verschaffen, dass sie Kriegsressourcen mobilisieren, produzieren, einsetzen und so unmittelbar am Kriegsgeschehen profitieren. Und das legt nahe, dass sie ein Interesse daran haben, den Kriegszustand zu verlängern und Friedensbemühungen zu boykottieren.

Kriegsgewinnler gibt es, seit es Kriege gibt. Das ist ein Klischee mit langer historischer Überlieferung, oftmals vergröbert dargestellt, ohne jedoch ganz falsch zu sein. Eine angemessen präzise Beschreibung der Umstände und Möglichkeiten, am Krieg zu profitieren, ergibt sich in erster Linie aus der Analyse der Kriegswirtschaften der beteiligten Akteure. Dazu zählt die Logistik der Versorgung von Streitkräften mit Waffen, Geräten und der Ausstattung für den Kriegsalltag. Ferner umfasst sie die Untersuchung von ungeregelten Ressourcenbeschaffungen im Kriegsgebiet, darunter auch Raub und Plünderung. Umfassende Bestandsaufnahmen solcher »Gewinne« fallen von Krieg zu Krieg verschieden aus. Es kommt immer darauf an, aus wessen Perspektive und für welchen Zeitraum Gewinne und Verluste berechnet werden.

Kriege im 21. Jahrhundert unterscheiden sich hier nicht grundsätzlich von denen der Vergangenheit. Aber sie weisen doch eine Reihe von Merkmalen auf, die sich in den letzten Jahrzehnten immer stärker ausgeprägt haben. Erkennbar wird das insbesondere bei gewaltsamen Konflikten, an denen nicht nur (oder gar nicht) staatliche Streitkräfte beteiligt sind, vielmehr andere Akteure wie private Milizen, Warlords und Söldner.

Rüstungsindustrie und Rüstungshandel

Wenn es zum Krieg kommt, auch schon bei den Vorbereitungen dazu, steigt die Nachfrage nach rüstungsindustriellen Gütern. Darunter sind nicht nur Waffen und Gerätschaften für den Kampf zu verstehen, sondern alles, was die Soldaten benötigen. Staaten streben in der Regel danach, eine eigene nationale Rüstungsindustrie aufzubauen und zu unterhalten, um von Rüstungslieferungen anderer Staaten unabhängig zu bleiben. Allerdings gibt es zwischen verbündeten Ländern vermehrt internationale Zusammenarbeit bei der Rüstungsproduktion. Moderne Waffensysteme sind sehr teuer, deshalb soll Rüstungskooperation helfen, Finanzen einzusparen (was oft nicht klappt) und vor allem auch das gemeinsame militärische Handeln verbündeter Streitkräfte, ihre Interoperabilität, zu erleichtern. Im Zuge der Industrialisierung des Kriegs im 19. und frühen 20. Jahrhundert sind bestimmte Rüstungsunternehmen, in Deutschland etwa die Firma Krupp, zu beträchtlicher Größe aufgestiegen. Kriegsgegner machen die Rüstungsindustrie wegen der Art ihrer Produkte und wegen ihrer Gewinne für Kriege mitverantwortlich. Ihr haftet nicht nur das Image des Kriegsgewinnlers an; manche sehen die Rüstungsindustrie sogar als »Kriegstreiber«. Das trifft allerdings nur unter besonderen Umständen zu.

Einen noch schlechteren Ruf als die Rüstungsindustrie hat der Rüstungshandel, denn auf ihn ist es zurückzuführen, wenn Waffen und anderes kriegstaugliche Material »in die falschen Hände« gelangen. Um wessen Hände es sich dabei handelt, ist nicht immer leicht auszumachen, weil

Rüstungsgeschäfte oft schwer nachvollziehbar sind. Staatliche Aufsicht über und Regulierung von Rüstungshandel weist oft Schwachstellen auf; Exportrichtlinien werden häufig umgangen und ausgehebelt.

Im Übrigen ist es nur in manchen Fällen eindeutig und unumstritten, was die »falschen Händen« sind. Zum einen natürlich kriminelle Banden. Organisationen wie die islamistischen Terrornetzwerke betrachten sich als gerechte Kämpfer und werden auch von anderen so gesehen, nicht nur von ihren Unterstützern und Förderern. Aufständische gelten den einen als zu verfolgende Rebellen, andere sympathisieren mit ihren politischen Forderungen und ihrer gewaltsamen Vorgehensweise.

Das schlechte Image des Rüstungshandels beruht darauf, dass seinen Protagonisten politische und moralische Überlegungen meist gleichgültig sind. Es geht ums Geschäft. Wer bezahlen kann, bekommt die gewünschte Ware. Die in manchen Ländern strengen, in anderen ziemlich lockeren Vorschriften zum Verkauf von Kriegswaffen stellen keine unüberwindlichen Hindernisse für Waffengeschäfte mit einem politischen Hautgout dar.

Je größer das Einvernehmen unter Staaten ist, den Rüstungshandel nicht in Grauzonen der Halb- oder Illegalität abgleiten zu lassen, desto eher kann verhindert werden, dass Waffen und Waffensysteme in die aus ihrer Sicht falschen Hände gelangen. Voraussetzung ist allerdings, dass man sich einig ist, was allgemein und in spezifischen Fällen die »falschen Hände« sind. Diese Einigkeit war schon während des Ost-West-Konflikts nicht immer gegeben; seither ist sie noch brüchiger geworden.

Umstrittene Geschäfte: Messestand des Rüstungskonzerns Rheinmetall auf der Internationalen Luft- und Raumfahrtausstellung in Berlin, 2008

Während des Ost-West-Konflikts haben gesellschaftskritische Sozialwissenschaftler gern den Begriff »Militärisch-Industrieller Komplex« (MIK) verwendet, um einen Zusammenhang zwischen Geschäft, Kapitalismus und Krieg zu betonen. Dieses begriffliche Konzept gilt heute noch vielfach als zutreffende Beschreibung der Realität. Gemeint ist damit die weitgehende und strukturell festgezurrte Übereinstimmung von Interessen der führenden Entscheidungsträger in den Streitkräften und der Rüstungsindustrie. Als dritter Akteur in diesem profitorientierten und überaus korruptionsanfälligen Komplex gelten Politiker, die in Regierung, Parlament und bei der Steuerung der Verwaltung als Lobbyisten der Rüstungsindustrie auftreten.

Kritische Beobachter der westlichen, nicht nur der amerikanischen Politik im Kalten Krieg haben in der Tat etliche Belege für den Einfluss von Rüstungsfirmen auf die Politik (zum Beispiel über Parteispenden) und auf die Führungen der Streitkräfte nachgewiesen, wenn es um die Auftragsvergabe bei Rüstungsgütern ging. Die offizielle Feind-Doktrin der Sowjetunion jener Jahre, sie hieß »Staatsmonopolistischer Kapitalismus«, benutzte den Ausdruck zur Kennzeichnung der entscheidenden Herrschaftsgruppe innerhalb des Westens, die permanent die Weltkonflikte und insbesondere die mit dem Sozialismus verschärfen, damit letztlich aber nur ihren eigenen Untergang programmieren würde. Das war nicht nur unsinnig, sondern lenkte im Übrigen davon ab, dass in der Sowjetunion ein enger und privilegierter Zusammenhang zwischen der kommunistischen Parteiführung und der eigenen Rüstungsindustrie bestand.

Geschäfte mit Rüstungsgütern, gleichviel ob als Produzent oder Händler, sind unvermeidbare Begleiterscheinung einer konflikt- und kriegsgeprägten Welt. Denn wer hier bestehen will, muss darauf vorbereitet sein, dass Diplomatie und Kooperationsbereitschaft allein nicht ausreichen, um in Frieden den eigenen Interessen nachzugehen. Politisch anrüchig werden solche Geschäfte nur, wenn sie exorbitante Gewinne erbringen. Natürlich erlauben die nicht geringen staatlichen Aufwendungen für die Ausstattung der eigenen Streitkräfte mit Waffen und Geräten deren Produzenten und Lieferanten Gewinne. Wie die Geschäfte der Rüstungsindustrie laufen, hängt allerdings in starkem Maße von der Weltlage ab. Zudem herrscht zwischen den einzelnen Rüstungsunternehmen mitunter heftige Konkurrenz. Ein fest verknoteter militärisch-industrieller Komplex, ein zu allen propagandistischen Übertreibungen und Tricks entschlossener Kriegstreiber aus keinem anderen Grund als Profitinteresse – das ist ein ideologisches Verschwörungskonstrukt mit schwacher empirischer Substanz.

Söldner und Kindersoldaten

Soldaten sind Angehörige regulärer Streitkräfte eines Staates. Sie tun ihren Dienst aus Loyalität und Patriotismus oder weil sie dazu durch ihre Regierung verpflichtet wurden. Demgegenüber verdingen sich Söldner als Einzelne oder in organisierten Gruppen gegen Bezahlung an einen Auftraggeber, der ihre militärische Erfahrung für seine Zwecke nutzt. Staats- und völkerrechtlich gesehen sind Söldner Zivilisten und keine Soldaten. Diese Unterscheidung mag nicht auf den ersten Blick einleuchten, aber sie ist folgenreich: Militärische Aktionen von Söldnern fallen nicht in die Verantwortung eines Staates. Das haben sich gerade in den letzten Jahren viele Regierungen zunutze gemacht. Doch das Söldnerwesen hat eine lange Tradition. Selbst in der Ära des Nationalismus als dominierender Ideologie seit der Französischen Revolution gab es – wenn auch nur als randständiges Phänomen – in manchen westlichen Staaten immer Söldner, beispielsweise in Frankreich die Fremdenlegion.

Der Nationalismus blieb auch während der Entkolonialisierungskriege der 1950er und 1960er Jahre von herausragender Bedeutung. Zwar brachten diese Kriege verschiedenen Staaten die politische Unabhängigkeit. Aber diese stand in den allermeisten Fällen nicht am Beginn des Aufbaus gut funktionierender staatlicher Institutionen mit hoher gesellschaftlicher Legitimität. Stattdessen entwickelten sich innen- und außenpolitisch oft recht fragile Staatsgebilde, unabhängig davon, wie die formale Staatsform aussah. Dafür gibt es zahlreiche Beispiele, worunter der Kongo eines der bekanntesten ist. Hier befehdeten sich nach der Unabhängigkeit die Führer unterschiedlicher ethnischer Gruppen. Zugleich wollten nichtstaatliche Akteure wie Bergbau- und andere Unternehmen, oftmals aus Wirschaftsinteressen in den früheren Kolonialländern, ihren Zugriff auf die reichen Bodenschätze des Landes nicht aufgeben. Bürgerkrieg und Sezessionsversuche waren die Folgen und halten bis heute an.

Anderswo in Afrika ebenso wie auf anderen Kontinenten gab es gewaltgetränkte Konflikte um die Herrschaft und um Ressourcen. Das waren Idealbedingungen für extra-lokale private Söldnergruppen, die sich von der einen oder anderen Seite anheuern ließen. Dieser in den Jahrzehnten nach 1960 bis in die Gegenwart anwachsende Dienstleistungstyp profitiert von der Uneinigkeit der einheimischen Akteure. Unternehmen rekrutieren ehemalige Soldaten westlicher, manchmal auch nichtwestlicher Streitkräfte als Söldner.

Söldner ist kein Ausbildungsberuf, man kommt dafür nur als bereits ausgebildeter Militärfachmann infrage, wobei

Indoktriniert: Palästinensische Kinder mit Gewehren und Sprengstoffgürtel-Attrappen in einem Flüchtlingslager in Libanon, 2001

Kampfbereitschaft und -erfahrung besonders wichtig sind. Bindungen an Regeln des Kriegsvölkerrechts gelten nicht. Die Bezahlung von Söldnern ist gut; das Risiko, verwundet oder getötet zu werden, variiert je nach den lokalen Einsatzumständen.

Söldner haben in aller Regel keinen guten Ruf. Es geht ihnen nicht um Werte und Ziele, nicht um das Vaterland, nicht um die Befreiung von fremder Herrschaft und um nationale Selbstbestimmung, sondern nur um das Geldverdienen. Welche Ziele ihr Auftraggeber verfolgt, ist ihnen egal – wichtig ist, dass er seine finanziellen Zusagen einhalten kann. Wenn nicht, suchen sich private Kriegsunternehmen und ihre angestellten Söldner einen finanziell lukrativeren Auftraggeber.

Unter den Kämpfern in Kriegen gibt es eine Gruppe, die das Militärhandwerk von Grund auf in einer weitgehend von Söldnern und Warlords bestimmten Umgebung erlernen (muss): die zwangsrekrutierten und faktisch versklavten Kindersoldaten. Sie werden in Kampf und Krieg hineinsozialisiert und können diesem Zwang nur mit äußersten Mühen und nicht ohne Hilfe von außen entfliehen. Kindersoldaten sind billiger als erwachsene Söldner. Sie können vielleicht nicht alle, aber doch viele Aufgaben so gut wie diese erfüllen, manche sogar besser. Es gibt verschiedene Gründe für die zwangsweise Rekrutierung von Kindersoldaten – vor allem ökonomische und weil sie den erwachsenen Söldnern als Sexualobjekte dienen.

Aktuelle und zuverlässige Statistiken über die Zahl und regionale Verteilung von Kindersoldaten existieren nicht. In der Literatur finden sich Schätzungen, wonach zeitweise über 200 000 Kindersoldaten weltweit am Kriegsgeschehen beteiligt waren, darunter nicht nur zwangsrekrutierte, sondern auch von fanatischen Regierungen ideologisch verführte und von ihren Eltern freiwillig zu solchem Dienst abgestellte Kinder. Auch die jugendlichen Selbstmordattentäter im Konflikt zwischen Palästinensern und Israel gehören in diese Kategorie.

Private Militärfirmen

Im Zusammenhang mit den »Neuen Kriegen« seit dem Ende des Ost-West-Konflikts haben private Militär- und Sicherheitsfirmen stark an Bedeutung gewonnen. Es gibt sie, weil sich mit der der Erhöhung von Sicherheit und eben auch mit militärischen Einsätzen Geld verdienen lässt. Dabei ist der deutsche Begriff »Sicherheitsfirma« eher verharmlosend; gemeint sind Firmen, die im Englischen *Private Military Corporations* (PMC) oder *Private Military and Security Corporations* (PMSC) heißen. Bei beiden Bezeichnungen stechen die Worte »privat« und »militärisch« hervor. Innerhalb ihrer mehr oder weniger breiten Angebotspalette von Dienstleistungen liegt das Schwergewicht auf Kompetenzen und Tätigkeiten, die eigentlich regulären nationalen Streitkräften vorbehalten bleiben sollten.

Die Privatisierung solcher und anderer vormals staatlicher Aufgaben ist ein in fast allen westlichen Ländern seit etwa den 1980er Jahren anzutreffendes Phänomen. In den Fachdebatten der politischen Ökonomie werden zu seiner Kennzeichnung Begriffe und Konzepte wie Neoliberalismus, Deregulierung, Reduzierung der Staatsquote verwendet. In diesem Kontext wurde und wird als praktisches Einsparungsrezept das Outsourcing entwickelt und praktiziert, also die Auslagerung bestimmter Aufgaben oder Strukturen eines Unternehmens oder einer staatlichen Organisation. Solche ausgelagerten Aufgaben werden dann vertraglich externen Dienstleistern übertragen. Über dieses Konzept, von dem man sich eine kompetente Aufgabenerledigung zu niedrigeren Kosten versprochen hat, gehen die Meinungen auseinander, denn nicht immer wurden die damit verbundenen Erwartungen erfüllt.

Die politischen und militärischen Führungen in westlichen und, wie man spätestens seit 2022 am Auftreten russischer PMCs sieht, auch in nichtwestlichen Ländern haben mit der Privatisierung von Sicherheitsaufgaben allerdings nicht nur wirtschaftliche Ziele im Visier. Vielmehr sind private Militärfirmen seit dem Beginn des 21. Jahrhunderts zu einem nicht mehr wegzudenkenden Akteur bei kriegerischen Kampfhandlungen geworden. In jedem Krieg, in so gut wie jedem auf gewaltsame Auseinandersetzungen hinzielenden Konflikt, schließlich auch in jeder post-kriegerischen Konstellation nach dem Ende der Gewalt spielen private Sicherheitsunternehmen mittlerweile eine gewichtige, manchmal sogar eine Schlüsselrolle. An den Kriegen im Irak und in Syrien oder im Afghanistan-Krieg waren zahlreiche private Militärfirmen beteiligt, die dort ganz unterschiedliche Aufgaben übernommen haben. In den fragilen Staaten Afrikas spielen solche Unternehmen seit Langem eine wichtige Rolle, wie man seit Beginn der 2020er Jahre etwa an dem Auftreten der russischen Wagner-Gruppe studieren kann, die in fast 20 Staaten auf diesem Kontinent präsent ist.

Die Gründe für den verstärkten Einsatz von PMCs in den Kriegen des 21. Jahrhunderts sind vielfältig, und so ist es nicht einfach, das Wirken der mittlerweile Hunderte von größeren und kleineren PMCs zu bilanzieren. PMCs handeln in einer schwer durchschaubaren Grauzone. Staaten beauftragen diese Firmen, um das breite Spektrum an Aufgaben, mit denen sich ihre Streitkräfte in Kriegen konfrontiert sehen, zu reduzieren und dadurch eine Konzentration

Private Militärfirmen: Söldner der US-Firma Blackwater Security schützen im Irak den Chef der amerikanischen Übergangsregierung, 2003.

auf die militärischen Hauptaufgaben zu ermöglichen. Lästige, aber nicht zu ignorierende Nebenaufgaben werden an PMCs delegiert.

In Demokratien unterliegen die Streitkräfte budgetmäßig und rechtlich parlamentarischer und bis zu einem gewissen Grad auch öffentlicher Kontrolle. Es ist eines der Merkmale der »Neuen Kriege« des 21. Jahrhunderts, dass den regulären und grundsätzlich an staats- und völkerrechtliche Normen gebundenen Streitkräften demokratischer Staatswesen häufig aufständische Kämpfer, Rebellen und Terroristen gegenüberstehen, für die solche Normen nicht das Papier wert sind, auf das sie gedruckt sind. Diese »Waffenungleichheit« kann nicht durch intensivere Ausbildung und technisch hochwertige Ausstattung der regulären Streitkräfte ausgeglichen werden.

Hinzu kommt, dass bei Kämpfen wie in Afrika oder Asien regulär entsandte ortsfremde Streitkräfte an die äußeren Bedingungen nur lückenhaft angepasst sind, was sich als beträchtlicher taktischer und operativer Nachteil auswirkt. Je unübersichtlicher die politische und militärische Situation in einem Land ist und je entschlossener die Regierung eines Drittlandes eine direkte militärische Intervention plant, desto naheliegender ist der Rückgriff auf private Militärfirmen. Das erzeugt weniger innen- und außenpolitischen Druck als die Offenlegung dieser Absicht. So beteiligte sich das britische Söldnerunternehmen Sandline International in den späten 1990er Jahren am besonders heftigen Bürgerkrieg in Sierra Leone. Sandline International wurde von namhaften Repräsentanten der britischen Regierung insgeheim damit beauftragt, Waffen der halbstaatlichen britischen Royal Ordnance plc entgegen einem UN-Embargo an eine der Bürgerkriegsparteien zu liefern. Die britische Regierung selbst konnte die Verantwortung für derlei Operationen von sich weisen. Schwierig wird es, wenn herauskommt, dass die Regierung eines demokratischen Staates in dieser Weise agiert – wie im Fall Großbritannien. Die Folge war ein politischer Skandal.

Die Kämpfer privater Militärunternehmen können, weil sie sich nicht an Beschränkungen halten müssen, denen reguläre Streitkräfte unterliegen, freier agieren, was in den Kriegen des 21. Jahrhunderts oft auch heißt: rücksichtsloser und ohne die Furcht, vor Kriegsgerichte gestellt zu werden. Einerseits. Andererseits fehlt ihnen, weil sie »Zivilisten« sind, auch der Schutz, den das humanitäre Kriegsvölkerrecht für Kombattanten bietet, etwa in Gefangenschaft oder bei Vorschriften zur Behandlung von Verwundungen.

»Privatarmeen« in Putins Russland

Während Demokratien oft und in vielfacher Verwendung private Militärfirmen anheuern, wenn auch meist im Verborgenen, haben autokratische Staaten dabei kaum moralische Skrupel. Mit fester Hand regierte Autokratien wie etwa die Volksrepublik China lassen zwar grundsätzlich auch Militärunternehmen außerhalb ihrer regulären Streitkräfte zu. Aber gerade in China, wo die Volksbefreiungsarmee im Staat eine dominante Position einnimmt, wird sehr genau darauf geachtet, dass ihr keine professionelle Konkurrenz erwächst. Insofern ist es mehr als fraglich, ob für PMCs in Autokratien das Adjektiv privat überhaupt angemessen ist. Denn selbst wenn die jeweilige Staatsführung zur Gründung solcher Unternehmen ermutigt, behält sie sich doch mit großer Selbstverständlichkeit vor, solche Ermutigungen jederzeit wieder rückgängig zu machen.

China, wo derartige Unternehmen seit 2009 offiziell erlaubt sind, setzt Militärfirmen vor allem als eine Art Begleitschutz für außerhalb des eigenen Landes tätige chinesische Staatsbürger ein, und das sind mittlerweile nicht wenige.

Seit die Staats- und Parteiführung begonnen hat, die wirtschaftlich-politischen Aktivitäten des Landes auf mehreren Kontinenten erheblich auszuweiten und sich mit Projekten wie der Neuen Seidenstraße geoökonomisch neu zu positionieren, lag dies nahe. Aber selbst wenn chinesische Sicherheitsfirmen den Anschein der Eigenständigkeit haben und Geschäfte auf eigene Rechnung machen, versteht es sich von selbst, dass über ihre Existenz wie über ihren Einsatz letztlich in Peking entschieden wird. Es sei denn, die Staatsführung hätte Probleme, die effektive Kontrolle über solche Unternehmen zu behalten. Das wäre ein Indikator für tiefer reichende Risse in der zentralisierten Autokratie der Einparteienherrschaft. Dafür lassen sich in China bislang jedoch nur wenige Indizien ausmachen.

Der Fall Russland unter der scheindemokratisch legitimierten Führung von Präsident Putin liegt ein wenig anders. Hier haben die Streitkräfte längst nicht eine so starke Stellung beim inneren Führungszirkel und in der internen Sicherheitsarchitektur des Landes. Die in diesen Führungszirkeln vertretenen Kräfte in einer Art politischer Balance zu halten, gehört zu den wichtigsten Aufgaben des Präsidenten, weil er sich nur so als Führer an der Spitze behaupten kann. Was die expansionistischen Ziele gegenüber den Nachbarstaaten, die früher zur Sowjetunion gehörten, ebenso wie das militärisch gestützte geopolitische Ausgreifen in andere Weltregionen angeht, erschien ein direkter Einsatz regulärer Streitkräfte nicht immer opportun. Das hätte Russland in der internationalen Politik isolieren und ihm damit schaden können, so die in Moskau vorherrschende Einstellung. Sie hat sich im Laufe der letzten Jahre verändert.

Das Schlüsseljahr für diese Veränderung ist 2014, als die Wagner-Gruppe, die Privatarmee des Oligarchen Jewgenij Prigoschin, gegründet wurde und zugleich der Überfall auf die Krim durch »grüne Männchen« stattfand. Das waren nicht als Kombattanten ausgewiesene, aber offenbar gut auf die Invasion vorbereitete Soldaten aus den Streitkräften – und Söldner. Schon 2008 war eine russische PMC namens Redut in Syrien zum Schutz der Anlagen des russischen Wirtschaftsunternehmens Stroytransgaz in Erscheinung getreten. In den Folgejahren stieg Redut zu einem der wichtigsten russischen Akteure in Syrien auf. Und Redut war 2022 auch an der russischen Invasion der Ukraine beteiligt. Bei dieser Invasion spielte die Wagner-Gruppe eine wichtige Rolle, die bekannteste der über 30 russischen nichtstaatlichen Sicherheitsunternehmen und Kampfverbände. Der Bekanntheitsgrad dieser paramilitärischen Truppe ist im Juni 2023 noch weiter angestiegen: durch den bizarren und auf halbem Weg abgebrochenen Versuch eines »Marsches auf Moskau«, mit dem offenbar erreicht werden sollte, den eigenen Status im Verhältnis zu dem der regulären Streitkräfte drastisch aufzuwerten. Der Führung des russischen Verteidigungsministeriums und der Generalität der Streitkräfte sollte klargemacht werden, dass die Wagner-Gruppe in Syrien, in Afrika und der Ukraine nicht die undankbarsten und gefährlichsten Aufgaben übernimmt, ohne dafür besonders belohnt zu werden. Das jedenfalls legen die schon länger im Vorfeld dieses nicht gegen Putin und seine Diktatur, sondern an die Adresse der Militärführung gerichteten Anklagen wegen mangelnder Unterstützung im Ukraine-Krieg nahe.

Reich durch Krieg: Der russische Söldnerführer Prigoschin inszenierte mit der Architektur seines »PMC Wagner Center« in St. Petersburg seinen Erfolg.

Dabei deutet alles darauf hin, dass diese Unterstützung durchaus von beachtlichem Ausmaß ist, sowohl finanziell als auch bei der (zumindest in westlichen Augen) unkonventionellen Rekrutierung von Kämpfern. Die russische Regierung gestattete es der Wagner-Gruppe, Tausende von Häftlingen in ihre Reihen aufzunehmen und im Eroberungskrieg gegen die Ukraine einzusetzen. Fachleute schätzen, dass zeitweise bis zu 50 000 russische Paramilitärs in der Ukraine und in Ländern wie Mali, Syrien, Libyen oder dem Sudan kämpften. Die Zahl der in diesen Einsätzen getöteten und verwundeten Wagner-Söldner kann ebenfalls nur geschätzt werden. Zahlreiche Indizien sprechen dafür, dass sie hoch ist.

Von Putin ist die Aussage überliefert, die Wagner-Gruppe und andere nichtstaatliche Militärdienstleister könnten gern ihren geschäftlichen Interessen in jedem Teil der Welt nachgehen, solange sie dabei keine russischen Gesetze brächen, sprich: nicht gegen die Interessen des russischen Präsidenten handeln. Diese Aussage gehört zu einem ganzen Strauß widersprüchlicher Behauptungen Putins über russische PMCs und bemäntelt nur unzulänglich das große Interesse der russischen Staatsführung an einer eigenständigen, antiwestlich ausgerichteten Weltpolitik. Dabei sind private, also scheinbar nicht regierungsabhängige Söldnergruppen in vielen Ländern Afrikas, in denen früher die Sowjetunion einflussreich war, ein nützliches Werkzeug.

Wenn in schwachen und fragilen Staatswesen zwischen verfeindeten Gruppen oder unter ehrgeizigen Warlords ein Kampf um die Schalthebel der Macht beginnt, heuern die Protagonisten zur Durchsetzung ihrer Interessen häufig PMCs an – sofern sie sie bezahlen können. In einigen dieser fragilen Staaten, zumal in Afrika, gibt es reichlich Bodenschätze. Seit ihrer Gründung begann die Wagner-Gruppe auf Geheiß afrikanischer Diktatoren und durch einen Putsch an die Macht gekommener Militärregierungen und nach grünem Licht aus Moskau, in mehreren afrikanischen Staaten zu operieren, darunter in der Zentralafrikanischen Republik, Mali, dem Sudan. Die antiwestlichen Ziele Russlands, das Machterhaltungsinteresse der afrikanischen Autokraten und das Geschäftsinteresse der Söldner decken sich dabei auf optimale Weise. Kriege in Afrika waren und sind für die Wagner-Gruppe ein höchst lukratives Geschäft.

Warlords

Unter dem Namen Warlord (im Deutschen etwa »Kriegsherr«) lässt sich ein breites Spektrum von unterschiedlichen Akteuren subsummieren, das von rein geschäftlich interessierten Gewaltunternehmern über kriminelle Bandenführer bis zu lokalen Diktatoren mit oder ohne größere politische Ambitionen reicht. In der Vergangenheit haben sich Warlords immer dort etablieren können, wo die Ordnung eines Staates zusammenzubrechen drohte oder schon zusammengebrochen war.

Der Hauptgrund für die Wiederauferstehung von Warlords seit dem Ende des 20. Jahrhunderts liegt in der Ausbreitung von Staatszerfall und Erosion des staatlichen Gewaltmonopols in vielen Weltregionen, insbesondere in Afrika. Ohne Warlords wären die militärischen Auseinandersetzungen in Afghanistan der letzten Jahrzehnte anders verlaufen. Nach 2001 standen westliche Interventionstruppen in diesem Land vor der höchst ungemütlichen Entscheidung, sich mit dem einen oder anderen von ihnen zu verbünden oder sie sich zu Feinden zu machen – eine prekäre Alternative.

Die lokale oder regionale Herrschaft von Warlords basiert auf einem festen Führer-Gefolgschaft-Prinzip. Die Loyalität der Gefolgschaft wird durch ethnische oder religiöse

Bindungen gefestigt. Wichtiger noch sind ökonomische Aspekte: Warlords finanzieren ihre Ausgaben durch die Ausbeutung der von ihnen beherrschten Territorien und sichern sich so die Treue »ihrer Leute«. Für sie ist der Kriegszustand profitabler als ein Friedensschluss, weil beispielsweise der Handel mit Rohdiamanten oder Drogen hohe Gewinne abwirft und in Kriegszeiten ungestörter vonstattengehen kann. Das Herrschaftsgebiet eines Warlords ist eine Art rechtsfreier Raum. Nur sein Wort gilt. Recht ist, was der Warlord bestimmt. Rechtliche Normen würden seiner Herrschaft Grenzen setzen. Die Überschneidungen mit kriminellen Machenschaften sind groß. Viele dieser Machenschaften, etwa der Drogenhandel, wären allerdings nicht so gewinnbringend, gäbe es nicht korrespondierende illegale Wirtschaftsstrukturen anderenorts, auch in den westlichen Ländern.

Terrorismus und Krieg

Terror und Terrorismus haben eine weit zurückreichende Tradition. Das Selbstverständnis und die Motive, die militärischen Mittel, die politischen Ziele sowie die Organisationsformen von Terroristen sind sehr unterschiedlich. Staatsführungen, die sich nur mit Zwang und Repressionen an der Macht halten können, greifen ebenso zu Mitteln des Terrors (Folter, Mord, Vertreibung und Verschleppung) wie es diejenigen tun, die einen Umsturz anstreben. Bei aller Unterschiedlichkeit gibt es aber in einem Punkt Einigkeit: Physische Gewalt und die Vernichtung des Lebens der Feinde oder von Unbeteiligten gelten Terroristen nicht nur als legitim, sondern als geboten, und das ohne die geringsten moralischen oder rechtlichen Einschränkungen.

Diktatoren üben Terror aus, weil sie die Macht dazu haben und niemand ihnen in den Arm fällt. Die Führer von Aufstandsbewegungen sehen in Terroraktionen ein probates Mittel der Selbstermächtigung und von Gerechtigkeit. Für sie alle gilt fraglos, dass der Zweck die Mittel heiligt. An den politischen Rändern in Demokratien greifen Individuen und Gruppen mit links- oder rechtsextremen Einstellungen zu Mitteln des Terrors, so auch in der Bundesrepublik Deutschland in den 1970er Jahren. Ein insbesondere im Zuge des Aufstiegs von modernen Bildmedien und von »sozialen Medien« immer wichtiger gewordener Aspekt von Terroraktionen hat mit den Schockwellen zu tun, die von ihnen ausgehen: Sie sollen weithin Unsicherheit, Angst und Schrecken auslösen.

Das reicht indes für eine griffige und aussagekräftige Definition noch nicht aus. Das gesellschaftliche Bedingungsgefüge und damit auch das politische Umfeld für einzelne Terroraktionen und für systematische taktische und operative oder auch strategische Vorgehensweisen von Terroristen haben sich immer wieder verändert.

Macht und Ideologie

Terroristen wollen Macht: ihre Eroberung, Erhaltung und Sicherung. Dazu sind alle Mittel der Gewalt recht. Aber nur wenige Menschen entwickeln im reinen Kampf um die Macht ausreichend Motivation und Enthusiasmus, um das eigene Leben dafür zu opfern. Es braucht inhaltliche Ziele, die es Menschen wert erscheinen lassen, ihr Leben und das anderer für ihre Verwirklichung einzusetzen. In der Moderne waren solche Ziele in erster Linie die mythische Größe und die proklamierte letztendliche Unbesiegbarkeit der Nation, der eigenen »Rasse« oder »Klasse«. Auch die Religion, wenn sie nicht so sehr als spirituelle Kraftquelle, vielmehr als Anweisung für politische Ordnungen verstanden wird. Nation und politische Religion erwiesen sich als besonders erfolgreiche Mobilisierungsideologien. Das sind sie immer noch.

In der zweiten Hälfte des vorigen Jahrhunderts spiegelten sich in der Aussage »Des einen Terrorist ist des anderen Freiheitskämpfer« die diametral widersprüchlichen Sichtweisen auf die antikolonialen Bestrebungen um nationale Unabhängigkeit. Terroraktionen galten in dieser Konfrontation den einen als legitimes Mittel in ihrem Freiheitskampf; für die andere Seite waren sie Teil einer Aufstandsbewegung, die sich auch krimineller Methoden bediente, um an die Macht zu kommen.

Offensichtlich inspiriert von den Vorgängen in den Kolonialländern während und nach ihren Kämpfen um Unabhängigkeit, entwickelte sich in den 1970er Jahren in vielen westlichen Demokratien ein antikapitalistischer, von Geheimdiensten in den sowjetsozialistischen Ländern unterstützter Linksterrorismus. Linksextreme Terroristen und Terroristinnen verübten etwa in Italien, Frankreich und der Bundesrepublik Deutschland Attentate auf politische, wirtschaftliche oder militärische Repräsentanten des verhassten »Systems«. Sie waren damals schon mehr als nur ansatzweise international vernetzt. Zwar konnten die Sicherheitsbehörden diesen Linksterrorismus zurückdrängen, doch kam es bald darauf zur Bildung rechtsterroristischer Gruppen, die ihrerseits Gewalt und Terror zur Durchsetzung ihrer extremistischen Ziele anwandten.

Für das Kriegsgeschehen im 21. Jahrhundert ist diese keineswegs abgeschlossene Geschichte eher von nebensächlicher Bedeutung. Dass der Terrorismus und seine Bekämpfung in diesem Jahrhundert eine besondere Bedeutung erlangt haben, folgt aus der engen Verknüpfung politischer und religiöser Zielvorstellungen vor allem in der islamischen Welt und der Eröffnung neuer, globaler Kommunikationsmethoden. Die Grundbotschaft des ähnlich wie das Christentum in zahlreiche Denominationen und Sekten aufgespaltenen Islam ist nicht militanter als die der anderen monotheistischen Religionen. Die Verbindung mit politischen und missionarischen Ambitionen kann allerdings erhebliche Militanz entstehen lassen.

Bürgerkrieg mit religiösem Hintergrund

Religionskriege sind gemeinhin Kriege, in denen sich feindliche Streitkräfte gegenüberstehen, deren Anführer, gleichviel ob Repräsentanten von Staaten oder anderen Gruppen, nicht nur um Territorien und materielle Ressourcen kämpfen, sondern die politisch abgesicherte Expansion einer bestimmten Religion oder eines bestimmten religiösen Bekenntnisses voranbringen oder verhindern wollen. Wenn Angehörige verschiedener Religionen gegeneinander kämpfen, kommt es nicht selten im Namen einer angeblich »höheren Instanz« zu besonders skrupelloser Gewalt. Die kriegerischen Auseinandersetzungen zwischen Angehörigen derselben Religion, aber unterschiedlicher Konfessionen zeichnen sich oft sogar durch noch mehr gegenseitige Grausamkeit aus.

Der Dreißigjährige Krieg zwischen 1618 und 1648 in Mitteleuropa zählt zu den brutalsten und folgenreichsten Religionskriegen der letzten Jahrhunderte. Aber solche

Kriege hat es auch auf anderen Kontinenten und zu anderen, man ist versucht zu sagen: zu allen Zeiten gegeben. Oft verbergen die Protagonisten andere, profane Absichten hinter den proklamierten religiösen Zielen. Diese besitzen allerdings eine besonders hohe Mobilisierungskraft. Und sie können, weil sie ja angeblich auf göttliche Aufträge zurückgehen, auf besonders wirksame Weise moralische Bedenken gegen bestimmte kriegerische Vorgehensweisen, gegen besondere Grausamkeit und Unmenschlichkeit ausschalten. Ein Beispiel aus der europäischen Geschichte der zweiten Hälfte des 20. Jahrhunderts für einen mühsam begrenzt gehaltenen Bürgerkrieg entlang religiös definierter Fronten ist der Nordirland-Konflikt.

Derartige religiös oder konfessionell aufgeladenen Konfrontationen können umstandslos hohe Intensitätsgrade erreichen. Auch Terroraktionen gehören oftmals dazu. In Nordirland etwa waren gezielte Tötungen, Bombenattentate, Anschläge auf Busse, Postfilialen oder Läden über Jahre hinweg fast tägliche Vorkommnisse. Katholische und protestantische Stadtviertel waren festungsartig gegeneinander abgegrenzt. Das passenderweise so benannte Karfreitagsabkommen zwischen den Regierungen in London und Dublin sowie den nordirischen Parteien beendete diesen Bürgerkrieg im April 1998. Aber der Frieden zwischen Katholiken und Protestanten in Irland ist bis heute labil; der Bürgerkrieg könnte jederzeit wieder aufflackern.

Islamistischer Terrorismus

In der Welt des politischen Islam sind die Konzepte von Staat, Nation, Religion und Glaubensrichtung eng miteinander verwoben. Das hat geschichtliche Gründe: von der Schlacht bei Tours und Poitiers im Jahr 732, die den Vormarsch der Araber nach Europa anhielt, über die christlichen Kreuzzüge zur Wiedereroberung Jerusalems im 12. und 13. Jahrhundert, die endgültige Vertreibung der Mauren aus Spanien am Ende des 15. Jahrhunderts, den Aufstieg des Osmanischen Reichs in den folgenden Jahrhunderten bis zu dessen Niedergang im 19. und frühen 20. Jahrhundert. Auch der westliche Kolonialismus im 19. Jahrhundert und die nach dem Ersten Weltkrieg und in einem weiteren Anlauf nach dem Zweiten Weltkrieg unternommenen Versuche zur Bildung mehr oder weniger moderner, häufig alles andere als stabiler Staaten gehört in diese lange Reihe folgenschwerer politischer Ereignisse.

In vielen Ländern der Erde gibt es heute politische oder religiöse Minderheiten, die den Staat, in dem sie leben, als Unterdrückungsregime ansehen und ihn mit terroristischen Mitteln bekämpfen. Im eigenen Land oder außerhalb der Staatsgrenzen ausgeübte Terroraktionen bilden schon seit längerer Zeit den dissonanten Hintergrund der Weltpolitik. Für die westlichen Demokratien sind diese Dissonanzen spätestens seit den Anschlägen vom 11. September 2001 deutlich vernehmbar. Seither widmen die westlichen Geheimdienste den verschiedenen Erscheinungsformen des islamistischen Terrorismus deutlich mehr Aufmerksamkeit. Ebenso hat die akademische Terrorismusforschung an Uni-

Beginn einer neuen Ära: Am 11. September 2001 zerstörte ein Terroranschlag das World Trade Center in New York.

versitäten und in staatlich unterhaltenen Denkfabriken einen großen Aufschwung genommen.

Gewiss stößt man im 21. Jahrhundert noch auf anders motivierte Terroraktionen als die islamistischer Gruppen. International im Brennpunkt stehen jedoch Anschläge, die ihren religiösen Ankerpunkt im (politisch verstandenen) Islam haben. Die Anschläge von New York und Washington und ihre Auswirkungen bestimmen die globale Auseinandersetzung mit dem Terrorismus seit 2001 bis heute und werden es noch lange tun. In der Schrecksekunde nach den Anschlägen reagierte der US-amerikanische Präsident George W. Bush mit der Proklamation eines »Kriegs gegen den Terrorismus«. Emotional verständlich und politisch nachvollziehbar, ist dieser Sprachgebrauch dennoch eher verwirrend. Denn Urheber der Anschläge von 9/11 war eine kleine, international vernetzte Gruppe um Osama bin Laden. Ihr kurzfristiges Ziel war die Erschütterung des Selbstvertrauens des Westens. Langfristig strebte al-Qaida einen zunächst alle islamischen Länder umfassenden und in weiterer Perspektive globalen islamischen Staat an. Die religiös-politische Homogenisierung der Welt als islamischer »Gottesstaat« ist eine furchterregende ideologische Utopie. Eine Realisierungschance besitzt sie nicht. Dennoch haben es die verschiedenen transnationalen Netzwerke mit islamistischen politischen Zielen in den Jahrzehnten nach 9/11 verstanden, mit ihren Terroraktionen auf fast allen Kontinenten die jeweilige nationale und ebenso die internationale Politik zu beeinflussen.

Vordringlich um diesen neuartigen Terrorismus soll es im Folgenden gehen, also um jene islamistischen (dschihadistischen) Gruppen, für die Terroraktionen nicht nur einfach als ein Mittel unter anderen zur Erreichung politischer Ziele gelten. Terroraktionen sind die Grundlage ihrer Weltsicht und ihres Politikverständnisses. Sie sind zum entscheidenden Bindeglied ihrer kollektiven Identität geworden und nicht zuletzt zur materiellen Basis ihrer Existenz.

Geopolitik des Terrorismus

Die Bekämpfung des Terrorismus müsste eigentlich eine zentrale Aufgabe der Vereinten Nationen sein. Aber da es immer wieder Regierungen gibt, die (meist verdeckt) aus eigenen Interessen heraus Terrorgruppen in anderen Ländern unterstützen und schützen, ist die UNO zu wirksamen Gegenmaßnahmen nicht in der Lage. Das Eingreifen von früher in den Analysen zur Guerilla-Kriegführung so genannten »interessierten Dritten« wird zwar in aller Regel dementiert, ist aber bei so gut wie allen Terroraktionen nachweisbar. Die internationale Vernetzung von hauptsächlich lokal oder regional agierenden Terrorgruppen ist im Laufe der letzten Jahrzehnte erleichtert worden. Internet-Zugang und Mobiltelefone ermöglichen Instant-Kommunikation über große Distanzen hinweg. Diese Möglichkeiten beeinflussen auch die internen Organisationsformen von Terrorgruppen und ihre Außenkontakte. Insofern ist es treffend, von Terrornetzwerken zu sprechen.

Es hat sich mittlerweile eine eigene globale Geopolitik des Terrorismus ausgebildet. Diese beansprucht nicht etwa deshalb besondere Aufmerksamkeit, weil Terrornetzwerke »eigene Kriege« führen würden, obwohl das in Ausnahmefällen wie dem des Islamischen Staat (IS) auch der Fall sein kann. Meist wollen ihre Führungskader (und ihre auswärtigen Unterstützer sind da mit ihnen einig) durch ihre Aktionen und Anschläge nur punktuell (mitunter kräftige) Zerstörungen anrichten. Bei Anschlägen in westlichen Demokratien geht es darum, das Vertrauen der Menschen in die Schutzfähigkeit ihrer Regierungen zu erschüttern und gegebenenfalls aus den dort existierenden islamischen Gemeinden Anhänger zu rekrutieren.

In anderen Ländern und unter anderen Regimen stehen andere Ziele im Vordergrund. In den fragilen Staaten Afrikas mit ihren raubdiktatorischen Führungen geht es den islamistischen Terrorgruppen um Zugang zu wichtigen Ressourcen sowie um die Schwächung anderer Religionsgemeinschaften. In der Konfliktregion Naher Osten und in Asien schüren die dort lokalisierten Terrorgruppen die innerislamischen Auseinandersetzungen zwischen Schiiten und Sunniten. So kommt es in letzter Zeit in Afghanistan vermehrt zu Terroranschlägen von Angehörigen des IS gegen die herrschenden Taliban. Solcher innerislamischer Terrorismus lässt sich aber keineswegs nur als Religionskonflikt deuten. Dahinter steht oft die Konkurrenz staatlicher Machtinteressen, wie man etwa an der iranischen Unterstützung der Hisbollah-Miliz im Libanon oder der Huthi-Rebellen im Jemen erkennen kann.

Im auf absehbare Zeit vermutlich unlösbaren Konflikt zwischen Israel und den Palästinensern hat es im vorigen Jahrhundert quasi andauernd gewalttätige Aktionen beider Seiten und auch Kriege gegeben. Die Gegner Israels in diesen Kriegen waren arabische Staaten wie Ägypten oder Syrien. Ihre Führungen betrachteten Israel als Todfeind der Araber, eine Sichtweise, die im Laufe der Zeit ein wenig abgemildert wurde, sodass es etwa zwischen Israel und Ägypten, später auch zwischen Israel und anderen arabischen Ländern zu nicht gerade herzlichen, aber geregelten friedlichen Beziehungen kam. Die Beziehungen zu den Repräsentanten der Palästinenser jedoch sind bis heute hochgradig problematisch. Anschläge von einzelnen Palästinensern oder von Organisationen wie der Hamas in Israel provozieren Gegenschläge seitens der israelischen Streitkräfte. Der Konflikt bricht immer wieder neu auf; und wenn es zu Waffenstillständen oder Deeskalationsabkommen kommt, können deren Gegner (in beiden Lagern) sie jederzeit ohne viel Aufwand sabotieren. Der sorgfältig vorbereitete Angriff der Hamas auf Israel am 7. Oktober 2023 wäre ohne die Unterstützung der mächtigen Hisbollah im Libanon nicht so wuchtig ausgefallen. Ausgestattet und gelenkt wird die Hisbollah von der iranischen Führung. Der Iran ist, das nebenbei, keine arabische Nation, verfolgt aber eine islamistische Politik.

Terrornetzwerke weltweit

In verschiedenen westlichen Staaten, insbesondere solchen, die häufiger Schauplatz islamistischer Anschläge waren, werden spätestens seit 2001 Listen mit den Namen von Terrorgruppen erstellt, beispielsweise in den Vereinigten Staaten und der Europäischen Union. Sie dienen der öffentlichen Kennzeichnung feindlicher Organisationen, die bestimmten Sanktionen unterliegen. Auf diesen Listen, die permanent fortgeschrieben werden, finden sich Extremisten unterschiedlicher Couleur, die Terror als Kampf- und Zerstörungsmittel einsetzen. Islamistische Terrorgruppen stellen die überwiegende Mehrheit.

Solche Terrorgruppen agieren in der Hauptsache im Nahen Osten und in Afrika. Aber auch auf dem asiatischen

Terror-Hotspot Afrika: Gedenken an die Opfer eines Attentats auf ein Hotel in Burkina Faso, 2016

Kontinent trifft man in vielen Ländern auf sie, beispielsweise auf den Philippinen und Malaysia (Abu Sayyaf), in Pakistan und Indien (Lashkar-e-Islam) und in Afghanistan. Dort ist es mit dem Ende des westlichen Engagements zu verschärften Konflikten zwischen den Taliban und einer regionalen Gruppe des Islamischen Staats gekommen.

Eine quantitative Untersuchung von Terroranschlägen der Jahre 2013 bis 2017 kommt zu dem Ergebnis, dass die meisten davon auf das Konto von vier islamistischen Gruppierungen gehen: den Taliban (Pakistan, Afghanistan), dem Islamischen Staat (Irak, Syrien, mit Ablegern in vielen Ländern), Boko Haram (West- und Zentralafrika) sowie al-Shabaab (Ostafrika).

Weitere islamistische Gruppen mit wirkungsvollen Terroraktionen sind al-Qaida (weltweit), die Huthi-Extremisten (Jemen) und die Abu Sayyaf. Gegen Israel planen und organisieren gleich mehrere Terrorgruppen Anschläge, die bekanntesten darunter sind die al-Aqsa-Märtyrerbrigaden und die Hamas, die Volksfront für die Befreiung Palästinas und die Palästina Befreiungsfront. Im Libanon wirkt die Hisbollah seit Langem erfolgreich daran mit, den Staat unregierbar zu machen. In den Maghreb-Staaten verübt die Ansar al-Shari'a Terroranschläge, in Ägypten die Harakat Sawa'd Misr. Die Al-Nusra-Front ist am Bürgerkrieg in Syrien beteiligt.

Das private australische Institute for Economics and Peace (IEP) veröffentlicht seit mehreren Jahren den Global Terrorism Index, mit dem das Ausmaß des Terrorismus in verschiedenen Ländern gemessen wird. Der jüngste Bericht aus dem Jahr 2022 nennt als die am häufigsten von Anschlägen betroffenen Länder Afghanistan, Burkina Faso, Somalia, Mali, Syrien, Pakistan, Irak, Nigeria, Myanmar, Niger, Kamerun und Mosambik. Gegenüber früheren Berichten lässt sich für die jüngste Zeit eine deutliche Verschiebung des Terrorismus nach Afrika konstatieren. Mit wenigen Ausnahmen sind diese Terroranschläge islamistisch motiviert.

Innerislamische Feindschaften

Die Planer und Exekutoren islamistischer Terroranschläge verfolgen allemal die Absicht, dem Islam nicht nur spirituelle Macht zu verschaffen, sondern ihn als politische und rechtliche Ordnungsmacht auch gegen Widerstand durchzusetzen, vor allem gegen westlich geprägte soziale und politische Ordnungsvorstellungen. Dabei handelt es sich um eine klar und unzweideutig bekundete Absicht. Aber bei näherem Hinsehen verflüchtigen sich rasch Klarheit und Eindeutigkeit. Tatsächlich sind es sich teils gegenseitig verstärkende, teils konkurrierende Interessen der verschiedenen Akteure, die verdeckt oder auch offen ausgetragen werden (beispielsweise wenn es um finanzielle Ressourcen oder Rückzugsräume geht). Häufig haben sich diese unterschiedlichen Interessen gordisch verknäuelt. Verantwortlich dafür sind vor allem drei Sachverhalte.

Erstens gibt es innerhalb des Islam unterschiedliche Richtungen, die sich unter jeweiliger Berufung auf den Religionsgründer Mohammed auf das Schärfste bekämpfen. Die Hauptfrontlinie verläuft zwischen Schiiten und Sunniten. Daneben gibt es eine Reihe von Abspaltungen, unter denen die sunnitischen Wahhabiten, die in Saudi-Arabien großen politischen Einfluss besitzen, wegen ihrer militant-expansiven Religionspolitik am bedeutendsten sind. Überkommene religiöse Streitlinien haben auch die Konflikte zwischen den unter der Bezeichnung Dschihadisten zusammengefassten Gruppierungen und den Salafisten verschärft. Beide verurteilen alle, die nicht zu ihnen gehören, als »Ungläubige«, denen man mit terroristischer Gewalt entgegentreten darf, ja muss. Zu diesen »Ungläubigen« zählen auch Anhänger anderer religiöser Ausrichtungen des Islam. Ein typisches Beispiel für innerislamischen Terror sind die Kämpfe zwischen Sunniten und Schiiten im Irak oder die Terroranschläge des Islamischen Staat gegen die Taliban in Afghanistan.

Zweitens vermischen sich in den Konfliktregionen mit überwiegend islamischer Bevölkerung religionspolitische mit nationalpolitischen Ideologien. Die daraus entstehende Mixtur kann hochbrisant werden. Entweder verstärken sich deren Komponenten erheblich, nämlich wenn das religionspolitische Feindbild (die Anders-, also Ungläubigen) und das nationalpolitische Feindbild (die früheren Kolonialmächte, jetzt »der Westen«) übereinanderprojiziert werden können. Misslingt das, ist das Ergebnis häufig ein Prozess, der auf die Aushöhlung staatlicher Ordnung hinausläuft und perspektivisch auf das, was Politikwissenschaftler einen *Failed State* nennen; auf Deutsch: Staatszerfall.

Um dies zu verhindern, greifen die islamischen Herrschaftseliten zu Mitteln der Diktatur wie Unterdrückung der Bevölkerung und Ausbau umfassender Polizei- und Militärkontrollen. Damit aber wird die innere Unzufriedenheit großer Teile dieser Bevölkerung geschürt, die sich sporadisch in organisiertem Protest äußert und manchmal zu Aufstandsbewegungen gegen die Regierung wird. Beispiele dafür sind etwa der »Arabische Frühling« (Arabellion), eine letztendlich gescheiterte Folge von Protesten, Aufständen und Umsturzversuchen in mehreren arabischen Staaten am Beginn des zweiten Jahrzehnts unseres Jahrhunderts sowie die nun schon über viele Jahren mit Unterbrechungen immer wieder vorgenommenen Versuche oppositioneller Kräfte im Iran, das Mullah-Regime zur Abdankung zu zwingen. Auch diesen Rebellionen, die viele Opfer gekostet haben, blieb bislang der Erfolg versagt.

Drittens schließlich unterstützen so gut wie immer und sofort nach (manchmal auch schon vor) dem Aufflackern interner Gewaltkonflikte auswärtige Akteure – Regierungen und Nichtregierungsorganisationen – die eine oder andere Seite. Sie tun das ausnahmslos mit einer eigenen Agenda. Ihre religionspolitischen, wirtschaftlichen oder strategischen Interessen wirken oft konfliktverschärfend, wie man etwa am Engagement Saudi-Arabiens und des Iran im jemenitischen Bürgerkrieg erkennen kann, am Eingreifen Russlands in den syrischen Bürgerkrieg oder an der aktiven Parteinahme regionaler und regionsfremder Staaten für eine der beiden Parteien in den Bürgerkriegen in Libyen (seit 2011) oder im Sudan (seit dem Militärputsch 2021).

Terrororganisationen sehen sich selbst als Kriegspartei. Islamistische Terrororganisationen betrachten sich als Vorkämpfer in einem existenziellen Konflikt, in dem es immer um die Etablierung einer angeblich vom Koran vorgegebenen Sozial- und Rechtsordnung geht. Da der Koran wie auch die anderen Grundtexte der großen Religionen unterschiedlich ausgelegt werden, beruht diese angeblich von Allah diktierte Ordnung jeweils auf verabsolutierten und als einzige Wahrheit verkündeten Deutungsversionen mit Appellcharakter.

Zur territorialen Verankerung der propagierten Sozial- und Rechtsordnung können der Einsatz von Gewalt und eben auch Terror Teil einer Eroberungsstrategie sein, wie sie etwa die palästinensischen Terrorgruppen seit Langem gegen Israel verfolgen oder sie der 2013 gegründete Islamische Staat unter anderem im Irak und Syrien praktiziert.

Terroristische Kriegführung

Terrorismus ist keine eigene Kriegsform, vielmehr ein Mittel der Zerstörung und Eskalation in gewaltsamen Konflikten unterschiedlichster Art, mit dem die Akteure gänzlich disparate Ziele erreichen wollen. Solche Akteure sind Staaten (meist, aber nicht ausschließlich Diktaturen), oppositionelle Minderheiten, Kriminelle, politische und religiöse Fanatiker in kleineren oder größeren Gruppen oder auch als Einzeltäter. Wer Terroraktionen plant und ausführt, bekennt sich nach erfolgtem Anschlag dazu (meistens) oder bleibt im Verborgenen (eher selten).

Die Opfer der Anschläge islamistischer und dschihadistischer Terrororganisationen lassen sich in zwei Kategorien einteilen. Einmal zielen die Aktionen direkt auf die Angehörigen und Repräsentanten eines ins Visier genommenen »Kriegsgegners«. So insbesondere in Bürgerkriegskonstellationen, in denen es darauf ankommt, den »Feind« zu schlagen. Ob dieser Feind auch dem Koran anhängt oder nicht, ist dabei nicht von Bedeutung.

Islamistische Terroranschläge werden überwiegend als Teil einer grundsätzlichen, eigentlich sogar globalen Konfrontation mit »Ungläubigen«, insbesondere »dem Westen«, geplant und ausgeführt. Die Opfer solcher Anschläge wie etwa die vom 11. September 2001 in den USA oder die in den Madrider Vorortzügen am 11. März 2004 und in vielen anderen europäischen Großstädten sind Zufallsopfer: zur falschen Zeit am falschen Ort. Der Terror soll als brachiales Signal wirken, allgemeine Unsicherheit verbreiten, das Vertrauen der Menschen in die politischen Institutionen unterhöhlen und nicht zuletzt der eigenen Organisation innerhalb des Islam Ruhm und Ehre einbringen. Inwieweit das funktioniert hat, lässt sich nicht ganz einfach bilanzieren. Immer wieder gibt es neben den Beileids- und Solidaritätsadressen mit den Opfern auch andere Reaktionen. So sind zum Beispiel Videoaufnahmen von palästinensischen Jugendlichen bekannt, die die Anschläge von 9/11 bejubeln. Oft ist die Reaktion auf Terrordrohungen und -aktionen in westlichen Gesellschaften wenig mehr als ein Achselzucken; man denke nur an die Morddrohungen gegen den Schriftsteller Salman Rushdie oder die Enthauptung eines französischen Lehrers in einem Pariser Vorort im Oktober 2020 durch einen islamistisch motivierten Jugendlichen tschetschenischer Herkunft. Solche gleichgültige Haltung ist auch eine Folge terroristischer Wirkungstreffer auf das westliche Selbstwertbewusstsein.

Die Aktionen der oft intensiv miteinander verfeindeten islamistischen Terrorgruppen des 21. Jahrhunderts gehen auf das gemeinsame Feindbild zurück – der säkulare, politisch, ökonomisch und kulturell dominante Westen. Die Anführer islamistischer und dschihadistischer Terrorgruppen einschließlich derjenigen, die sie mit finanziellen und anderen Ressourcen unterstützen, wollen dessen »Hegemonie« brechen, dazu fühlen sie sich durch Allah legitimiert. Die Mullahs in Teheran, die seit Jahrzehnten mit den Revo-

Allgegenwärtiges Feindbild: Antiamerikanische Parole an einer Häuserwand in der iranischen Hauptstadt Teheran, 2018

lutionsgarden im Inneren und etlichen von ihnen abhängigen Terrorgruppen außerhalb des Iran Terrorismus als innenpolitische Herrschaftsmethode und als Mittel einer expansiven Außenpolitik kultiviert haben, bezeichnen die USA als den »großen Satan«. Eine solche Sprache ist nicht Ausdruck kindlich-naiven Glaubens. Es handelt sich dabei vielmehr um die im Bewusstsein dieser Islamisten präzise Bezeichnung für den Todfeind ihrer Religion, ihrer Kultur und ihres Herrschaftsregimes.

Der globale Krieg gegen den Terrorismus

Der nach dem 11. September 2001 von der Bush-Administration in Washington ausgerufene *Global War on Terrorism* umschrieb politisch-diplomatische, rechtliche und militärische Maßnahmen, um die Verantwortlichen für die Anschläge zu jagen und zu bestrafen. Osama bin Laden und al-Qaida wurden zum obersten Staatsfeind der USA. Zugleich sollten sich die getroffenen Maßnahmen auch gegen andere internationale terroristische Vereinigungen richten – und gegen Regierungen, die solche Terroristen unterstützen. Dazu gehörte etwa das Taliban-Regime in Afghanistan, das al-Qaida-Angehörigen Unterschlupf gewährte. In den USA haben die 9/11-Anschläge eine ähnlich tiefe Schockwirkung hervorgerufen wie 70 Jahre zuvor der japanische Angriff auf Pearl Harbor.

Die damals 19 Mitgliedsstaaten der NATO beschlossen am 4. Oktober 2001 gemeinsam und zum ersten Mal in der Geschichte der Allianz den Bündnisfall nach Artikel 5 des NATO-Vertrags. Auch von Regierungen anderer Staaten verlautete die Bereitschaft, sich am Kampf gegen Terrorgruppen aktiv zu beteiligen. Manche darunter, etwa die chinesische Regierung, nutzten die allgemeine Stimmung für ihre eigene Interpretationen von Terror und Terrorismus. Dabei ging es weniger um den globalen, vielmehr um einen innenpolitischen Kontext – die chinesische Regierung begann, unliebsame Minderheiten wie etwa die Uiguren im Westen Chinas mit dem Terrorismus-Etikett als Feinde der staatlichen Ordnung zu stigmatisieren und bekämpfen.

Für Washington war das Taliban-Regime in Afghanistan wegen seiner Weigerung, al-Qaida-Kämpfer auszuliefern, die sich im Land aufhielten, selbst zu einer Terrorvereinigung geworden. Am 7. Oktober 2001 setzte die Militäroperation *Enduring Freedom* ein. Damit begann der 20 Jahre dauernde Afghanistan-Krieg als Fortsetzung anderer gewaltsamer Konflikte im Land. Anderthalb Jahre später marschierte eine militärische »Koalition der Willigen« unter amerikanischer und britischer Führung in den Irak ein. Die Legitimation dafür waren vage Vermutungen über eine Verbindung des irakischen Diktators Saddam Hussein zu islamistischen Terrorgruppen und gefälschte Belege über den illegalen Bau von Atomwaffen im Irak.

Wie sich bald herausstellte, hat die Ausrufung des globalen Kriegs gegen den Terrorismus eher zu dessen Weiterentwicklung beigetragen. Die Obama-Administration, die 2009 das Erbe der Regierungszeit von George W. Bush antrat, verwendete den Begriff nicht mehr. Allerdings setzte sie die Politik da fort, wo ihre Vorgängerin aufgehört hatte. Der Krieg gegen den Terrorismus ist in den USA für zahlreiche Unternehmen zu einem Langzeitgeschäft geworden. Die Nachfrage nach Sicherheitstechnologien aller Art ist nach wie vor ungebrochen.

Kriegszone Naher Osten

Der Nahe Osten kommt seit vielen Jahrzehnten wegen einer ganzen Phalanx von politischen und kulturellen Konflikten nicht zur Ruhe. Fast immer werden diese Konflikte brutal militärisch ausgetragen. Alle Ansätze, der Gewaltfalle zu entkommen, blieben bislang erfolglos; der geografische Raum Naher Osten insgesamt ist eine Gewaltregion oder Kriegszone. Vom ersten Tag des 21. Jahrhunderts bis heute hat es hier immer irgendwo, meist an mehreren Orten zugleich, Krieg gegeben – Aufstände, bürgerkriegsähnliche innere Auseinandersetzungen und grenzüberschreitende Kriege unter Einmischung von Nachbarstaaten oder regionsfremden Mächten wie den USA, seit ein paar Jahren vermehrt auch Russland.

Wie alle gewalttätigen Konflikte im 21. Jahrhundert lassen sich die im Nahen Osten nicht streng lokal oder regional eingrenzen, sondern haben Auswirkungen auf andere Gesellschaften. Die Festlegung von Regionsgrenzen ist allerdings eher subjektiv und basiert auf Beobachtungen und Erfahrungswerten, die mal mehr, mal weniger plausibel sind und sich im Lauf der Zeit ändern können. So spricht

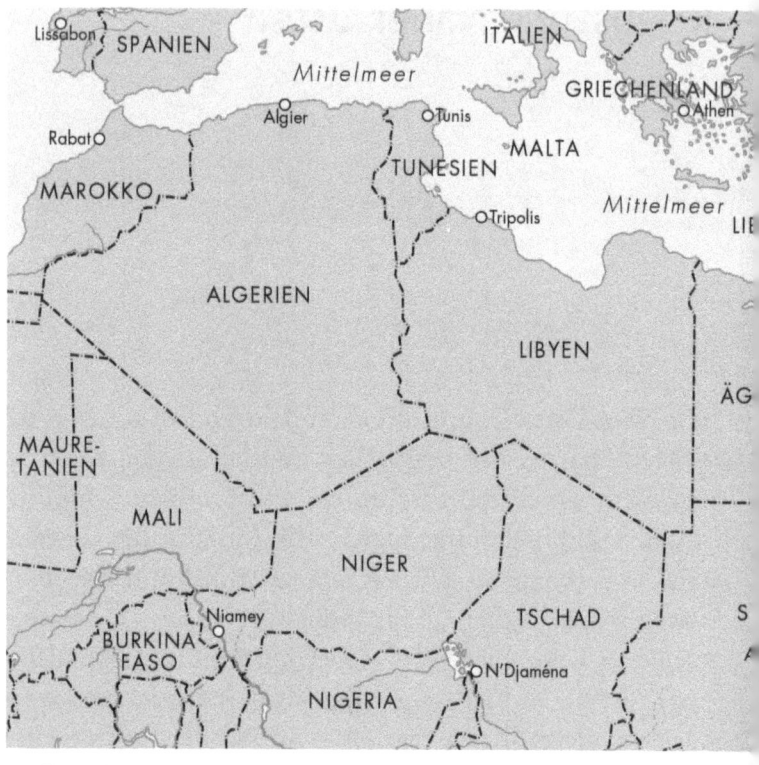

Konfliktregionen: Nordafrika, Naher Osten und Zentralasien

heute einfach schon wegen der zahlreichen Verknüpfungen über die traditionellen Grenzen des Nahen Ostens hinaus vieles für die Erweiterung des Blickfeldes und für die Einbeziehung weiterer Staaten. Manche Experten bevorzugen den Begriff MENA-Region, die Abkürzung für *Middle East and North Africa*. Diese Region umfasst drei Unterbereiche: den aus kontinental-europäischer Perspektive so bezeichneten Nahen Osten (Irak, Israel, Jordanien, Libanon, Palästina, Syrien), Nordafrika (Ägypten, Algerien, Libyen, Marokko,

Tunesien) und die arabische Halbinsel (Bahrein, Iran, Jemen, Katar, Kuwait, Oman, Saudi-Arabien) plus den Iran. Das NATO-Mitglied Türkei ist mit seiner Politik gegenüber den Kurden und seinen außenpolitischen Ambitionen ebenfalls ein einflussreicher Akteur im Nahen Osten. Die Konflikte in dieser Großregion sind vielfältig und nicht auf einige wenige Ursachen zurückzuführen. Sie sind aber miteinander verflochten. Dadurch wird der (erweiterte) Nahe Osten zu einer der gefährlichsten Gewaltregionen der Gegenwart.

Selbstverständlich stößt man auch in einer Kriegszone wie dem Nahen Osten und seinen angrenzenden Gebieten nicht überall und jederzeit auf Kriegsereignisse. Manche Staaten wie etwa die Föderation der sieben Vereinigten Arabischen Emirate (darunter Abu Dhabi und Dubai) sind nur diplomatisch an ihnen beteiligt oder haben wie Jordanien eine große Zahl von Flüchtlingen in ihrem Land aufgenommen. Selbst in den direkt kriegsbeteiligten Ländern gibt es etliche Inseln fragil-friedlicher Normalität, die den Menschen zeitweise ein einigermaßen ruhiges, indes immer bedrohtes Alltagsleben ermöglicht.

Die sechs wichtigsten und langwierigen regional und international ausstrahlenden Konflikt- und Gewaltkomplexe der Region sind der Streit um die Existenz des Staates Israel, um den Zugang zum Rohöl, der Schlüsselressource des 20. und beginnenden 21. Jahrhunderts, um innerregionale Hegemonie, um die Rivalität zwischen arabischen Nationen und dem Iran, um die spirituelle, politische und kulturelle Rolle des Islam und schließlich um die Demokratiehoffnungen einer politisch aktiven und aktionsbereiten Minderheit in den überwiegend autokratisch und wenig effizient regierten Staaten der Region.

Israelis und Palästinenser

Häufig wird die Meinung vertreten, der Kernkonflikt und die entscheidende Ursache für die Atmosphäre der Gewalt und die daraus entstehenden Kriege in der Region sei der seit der Staatsgründung Israels 1948 hochmilitant aufgeladene Gegensatz zwischen Israel und den Palästinensern. Das ist nicht ganz falsch, aber doch verkürzt. Dieser Konflikt um den Besitz von gar nicht einmal umfangreichen Ländereien war für Israel von Anfang an ein Kampf um staatliche Existenz. Über seine Entwicklung und die verschiedenen Kriege sind ganze Bibliotheken geschrieben worden. Israel hat sich, mit mächtiger Hilfe der USA und etwas weniger mächtiger Unterstützung europäischer Staaten, in diesen Auseinandersetzungen behaupten können. Das hat viele Opfer gekostet und einen großen Sicherheitsaufwand nötig gemacht, nicht zuletzt um die Wirkungen von gewalttätigen Übergriffen aus den Palästinensergebieten (Raketenbeschuss, Selbstmordattentate) kleinzuhalten. Israels langfristig angelegte Siedlungspolitik für die 1967 im Sechs-Tage-Krieg besetzten Palästinensergebiete sowie die militärischen Vergeltungsschläge in diesen Gebieten heizen den Konflikt ebenfalls an.

Auf der diplomatischen Ebene konnte Israel mehrfach zeigen, dass der religiöse und ethnische Zusammenhalt der arabischen Staaten und deren Solidarität mit den Palästinensern nicht sonderlich belastbar sind. Bereits 1978 wurde (mit amerikanischer Vermittlung in Camp David) ein Friedensvertrag zwischen Israel und Ägypten unterzeichnet. 1994 folgte das Friedensabkommen mit Jordanien, 2000 das mit Bahrein und den Vereinigten Arabischen Emiraten. Die Annäherung an arabische Staaten wie Marokko und, besonders wichtig wegen der gemeinsamen Feindschaft zum Iran, mit Saudi-Arabien ist durch die Kriegsereignisse seit Oktober 2023 erst einmal gestoppt worden. Zwischenzeitlich schien der israelisch-palästinensische Konflikt einer

Lösung näher zu kommen. Jedoch gab es keinen konstruktiven Durchbruch: weder in der Frage, wie eine Zweistaatenregelung praktisch aussehen und welche Rolle ein wie aufgeteiltes oder gerade nicht aufgeteiltes Jerusalem darin spielen sollte, noch beim Problem der Rückkehr-Ansprüche der in und seit dem Krieg von 1948 vertriebenen oder geflüchteten Palästinenser. Seit ein paar Jahren gibt es in westlichen Gesellschaften eine von Aktivisten angefeuerte Boykott-Bewegung gegen Israel, die manche nicht ohne Gründe als eine Art Neo-Antisemitismus betrachten. Die Rückwirkungen der Debatten darüber in den westlichen Ländern lassen sich nur schwer abschätzen.

So begleiten uns schon recht lange die in den Medien verbreiteten Bilder von einem Bürgerkrieg ganz eigener Art: Grenzzaun und Mauer mit scharfen Kontrollen an den wenigen Übergängen zwischen Israel und den Palästinensergebieten, Attentate in Israels Städten, nächtliche Raketenangriffe auf Israel aus dem Gazastreifen, das Raketenabwehr-System Iron Dome, Israels Einsatz von Drohnen zur gezielten Tötung von arabischen Terroristen, die zerstörten Gebäude, die mit Wut unterlegte Trauer der Hinterbliebenen hüben wie drüben.

Der Niedergang des Irak

Der Irak ist reich an Ölquellen – und zugleich ein Beispiel dafür, dass solcher Reichtum ein Land und seine Bewohner nicht unbedingt glücklich macht. Zwischen 1980 und 1988 führten der Irak und das kurz zuvor zu einer radikalen schiitischen Religionsdiktatur gewordene Nachbarland Iran gegeneinander Krieg. Der säkular-sunnitische irakische Diktator Saddam Hussein wollte durch die Besetzung einer iranischen Provinz den Ölreichtum seines Landes vergrößern. Das Mullah-Regime in Teheran wehrte das ab und verfolgte dann das Ziel, die schiitische Revolution in den Irak zu exportieren. Der Iran-Irak-Krieg gehört zu den opferreichsten Kriegen im späten 20. Jahrhundert. Das Eingreifen der USA zugunsten des Irak beendete ihn, brachte jedoch alles andere als regionalen Frieden.

Am 2. August 1990 überfielen irakische Truppen Kuwait mit der Absicht, es vollständig zu annektieren. Europa und die USA standen damals ganz im Bann der Ereignisse, die das plötzliche und unerwartete Ende des Ost-West-Konflikts bewirkt hatten. Auch deswegen dauerte es einige Monate, bis die UNO und die USA auf das Vorgehen des irakischen Diktators antworteten. Am 17. Januar 1991 startete die von der UNO sanktionierte US-Militäroperation *Desert Storm*. Anderthalb Monate später war der zweite Golfkrieg vorbei. Kuwait war wieder frei. Aber im Irak blieb der geschlagene Saddam Hussein an der Macht und unterdrückte alle innerirakische Opposition (besonders der Schiiten und Kurden) auf brutale Weise. Internationale Kontrollinstanzen sollten mittels Sanktionen und der Überwachung des Ölgeschäfts ein Wiedererstarken der irakischen Streitkräfte und vor allem die befürchtete Fabrikation von Massenvernichtungswaffen verhindern. Das Sanktions- und Kontrollregime verschärfte jedoch vor allem die Misere der Bevölkerung, während die Günstlinge um Saddam Hussein von der Korruption des Regimes profitierten.

Der Terroranschlag vom 11. September 2001 erschütterte die westliche Welt. Der amerikanischen Präsident George W. Bush versprach seinen Landsleuten, die Attentäter gnadenlos zu jagen und zu bestrafen. Der islamistische Terrorismus von al-Qaida hatte zwar tiefe Wurzeln in der arabischen Welt, nicht zuletzt in Saudi-Arabien, mit dem die USA bekanntlich wegen gemeinsamer Öl-Interessen verbündet waren. Der Diktator im Irak allerdings unterstützte die damaligen Terrorbewegungen nicht. Entsprechende Anschuldigungen stammten aus trüben Quellen und waren damals schon, ebenso wie die von der Bush-Administration vorgelegten angeblichen Beweise für das irakische Streben nach Nuklearwaffen, als reine *Fake News* zu erkennen. Der nicht nur in dieser Frage schlecht beratene US-Präsident nahm solche falschen »Beweise« zum Anlass, ein weiteres Mal amerikanische Truppen in den Irak zu schicken. Für den Erfolg ihrer militärischen Intervention benötigten die USA und ihre »Koalition der Willigen« im Frühjahr 2003 nur etwa sechs Wochen. Dann hieß es, entweder völlig naiv oder zynisch: *mission accomplished*.

Keine Einschätzung hätte sich als falscher erweisen können. Weder wurden Terroristen noch Nuklearwaffen oder Anlagen zu ihrer Herstellung ausfindig gemacht. Aller Optimismus über einen Regimewechsel von brutaler Diktatur hin zu einem fairen und demokratischen Prozess des Ausgleichs zwischen den ethnischen und religiösen Gruppen im Irak verflog rasch angesichts der katastrophalen Verhältnisse im Land. Am 30. Dezember 2006 wurde der nach seinem Untertauchen aufgespürte Diktator hingerichtet. Die inneren Gegensätze des immer mehr in einen Bürgerkrieg abgleitenden Landes milderte das jedoch nicht.

Die letzten amerikanischen Besatzungstruppen zogen sich 2011 aus dem Irak zurück. Sie hinterließen ein Land, in dem religiöse Fanatismen und durch den Bürgerkrieg gestärkte Terrorgruppen immer mehr den Alltag beherrschten. Aus dem vormals vergleichsweise wohlhabenden Irak war ein *Failed State* geworden.

Syrien und der Arabische Frühling

Ähnlich wie der Irak ist die nach verschiedenen Putschen und unterschiedlichen politischen Experimenten – von 1958 bis 1961 gehörte die versuchsweise Vereinigung mit Ägypten zur Vereinigten Arabischen Republik dazu – besonders repressive Diktatur in Syrien unter Hafiz al-Assad (seit 1970) und seinem Sohn Bashar al-Assad (seit 2000) kein islamistisches, sondern schlicht ein Terrorregime ohne andere Ziele als die Machterhaltung der alawitischen Elite an allen wichtigen Schalthebeln des Landes. Die Alawiten sind eine religiöse Minderheit innerhalb des Islam; in Syrien stellen sie ungefähr ein Zehntel der Bevölkerung.

Nach den Terroranschlägen vom 11. September 2001 bot die syrische Regierung den USA Unterstützung bei der Verfolgung von Terroristen an, die Washington auch in Anspruch nahm. Die vorsichtige und im Westen wegen der internen Repressionspolitik des Regimes in Damaskus mit moralischen Bedenken vorgenommene Annäherung wurde jäh abgebrochen, als im Zuge des fast die gesamte MENA-

Region ergreifenden Arabischen Frühlings 2011 auch das Assad-Regime erschüttert wurde. In der westlichen Perspektive war der Arabische Frühling ein aus den arabischen Zivilgesellschaften heraus unternommener Versuch, die diktatorischen Regime zu Reformen zu bewegen. Demokratie und Menschenrechte sollten an die Stelle von Willkürherrschaft und Unterdrückung treten.

Der Arabische Frühling ist letztlich in allen arabischen Gesellschaften gescheitert, am spektakulärsten in Ägypten. Hier waren die Hoffnungen besonders groß. Aber nach einer kurzen Phase des Aufstands nahm die Armee wieder die Zügel in die Hand, und der seit 2014 regierende Staatspräsident El-Sisi hat in ihrem Namen die Repressionsschraube scharf angezogen. Das Scheitern der verschiedenen arabischen Demokratiebewegungen hat neben der Unnachgiebigkeit der alten Machteliten einen zweiten Hauptgrund: Die demokratie- und westlich orientierte Opposition konnte sich zwar Gehör verschaffen, dank der sozialen Medien auch international. Aber als eigentliche Massenbasis der Revolte aufgrund der verbreiteten Unzufriedenheit gelten Gruppen ganz anderer Art, in Ägypten etwa die Muslimbrüderschaft, in Syrien verschiedene Rebellengruppen mit unterschiedlichen, auch islamistischen Zielen. Sie bildeten keine belastungsfähige Allianz. Oft bekämpften sie sich auch gegenseitig.

Der syrische Präsident Assad und die Führung von Streitkräften, Polizei und Inlands-Geheimdienst zum Aufspüren von oppositionellen Bestrebungen reagierten auf die Protestforderungen mit äußerster Brutalität. An Expertise für Massaker fehlte es ihnen nicht. Der Einsatz von Giftgas gegen die eigene Bevölkerung (August 2013) wurde zwar geleugnet, die Urheberschaft der Regierung gilt aber als sehr wahrscheinlich. Trotz der rhetorisch nachdrücklichen Verurteilung dieses Überschreitens einer »roten Linie« konnten sich weder die UNO noch die USA und ihre westlichen Verbündeten für ein militärisches Eingreifen entscheiden. Der Notwendigkeit dazu hofften sie enthoben zu sein, weil das Assad-Regime damals die Kontrolle über weite Teile des Landes verloren hatte.

Ab Herbst 2015 jedoch wendete sich das Blatt, nicht zuletzt durch russische Luftangriffe auf die Zentren der aufständischen Gebiete. Russland vertiefte seine Beziehungen zum Assad-Regime, sandte auch Söldner und ließ sich vertraglich die Nutzung des Marinestützpunkts Tartus und des Luftwaffenstützpunkts Hmeimim zusichern. Neben Russland unterstützen auch der Iran und die libanesische Hisbollah das Regime.

Die Angriffe der eigenen Luftwaffe und des verbündeten Russland galten offiziell den islamistischen Gruppen unter den Kämpfern gegen Assad. Tatsächlich aber richteten sie sich unterschiedslos auch gegen Zivilisten und legten, nach dem Muster der russischen Angriffe auf Tschetscheniens Hauptstadt Grozny um die Jahrhundertwende, ganze Wohnviertel in Schutt und Asche und lösten eine Welle von Flüchtlingen aus. Assad und sein Regime zeigen sich nicht an der Rückkehr der geflüchteten syrischen Staatsbürger interessiert. Stattdessen verfolgt der Präsident in den zerbombten Städten eine Politik des demografischen Wandels (*Demographic Engineering*): Regimetreue Syrer werden bei den Wiederaufbauplänen bevorzugt. Ziel ist die Sicherung der bestehenden Herrschaft.

Zu den bald erfolgreichsten Rebellengruppen in Syrien gehörte der Anfang 2012 gegründete syrische Ableger des Islamischen Staat (IS). Diese besonders brutal vorgehende Terrorgruppe kämpfte ebenfalls im Irak. Dort und in Syrien konnte der IS zeitweise beträchtliche territoriale Gewinne erzielen – in der Regel mit katastrophalen Folgen für die Menschen, die dort lebten. Zwar wurde der IS bald wieder zurückgedrängt, auch mit westlicher Unterstützung. Aber die Kampfhandlungen haben bis heute nicht aufgehört. Es ist schwierig, verlässliche Zahlen über die Opfer des andauernden Gemetzels in Syrien zu erheben, die Angaben variieren zwischen einer halben und einer Million Toter. Der Krieg Assads gegen sein eigenes Volk hat nach Angaben des UNHCR (Hoher Flüchtlingskommissar der UNO) fast die Hälfte der Menschen in Syrien für kürzere oder längere Zeit aus ihrer Heimat vertrieben. 5,6 Millionen Menschen sind geflohen, die meisten davon sind provisorisch in den Nachbarländern Türkei, Libanon und Jordanien untergekommen. Mehr als eine Million Flüchtlinge haben in Ländern der Europäischen Union Asyl beantragt.

Jemen

In den westlichen Medien wird breit über das Kriegsgeschehen in der Welt berichtet. Korrespondenten und Korrespondentinnen vor Ort bemühen sich in aller Regel um ein differenziertes Bild der Lage, was wegen der Propaganda der Kriegsparteien oftmals nicht einfach ist. Aber schon allein wegen der großen Zahl der Gewaltkonflikte und Kriege kann nicht über alle Krisenregionen der Welt ausführlich berichtet werden; es stehen immer die im Vordergrund, die für die Öffentlichkeit eines Landes von besonderem Interesse sind. Jedes Land hat einen eigenen internationalen Aufmerksamkeitsradius, der manches ausgeklammert lässt, obwohl es keineswegs unwichtig ist. In Deutschland und mehr noch in den ostmitteleuropäischen NATO-Staaten liegt der Fokus der Kriegsberichterstattung seit 2022 auf dem russischen Angriffskrieg auf die Ukraine, seit Oktober 2023 auf den Ereignissen in Israel und Gaza.

Bei der großen Zahl von gegenwärtig auf verschiedenen Kontinenten geführten gewaltsamen Auseinandersetzungen und Kriegen bedeutet dieser Sachverhalt, dass einige darunter außerhalb der eigenen Region nicht oder kaum wahrgenommen werden. Die Zahl der nur *en passant*, also eigentlich so gut wie gar nicht in das Blickfeld unserer Öffentlichkeit gelangenden Kriege der Gegenwart ist erstaunlich hoch. Zu ihnen gehört auch einer der heftigsten und für die im Kriegsgebiet lebenden Menschen am schwierigsten durchzustehenden Kriege, der Bürgerkrieg im Jemen seit 2007 mit seiner langen und komplizierten Vorgeschichte. 2011, im Jahr des Arabischen Frühlings, hat er sich weiter intensiviert. Die Gemengelage unterschiedlicher Interessen innerhalb der jemenitischen Gesellschaft ist schon undurchschaubar genug – separatistische Bestrebungen im Süden des erst 1990 vereinigten Landes, ein starkes Auftreten von al-Qaida als Anziehungspunkt für Dschihadisten und die gewaltsam untermauerten Ansprüche der im Norden des Jemen beheimateten Huthi-Rebellen auf mehr politischen und religiösen Einfluss.

Schon diese Mischung schwelender Konfrontationen machte den Jemen zu einem *Failed State* ohne funktionierende Regierung und Verwaltung. Aber nach 2011 und einem von der verzweifelten Bevölkerung erzwungenen Regierungswechsel, den der abgesetzte Regierungschef nicht akzeptierte, ist die Lage im Jemen noch weit komplizierter geworden. Angrenzende Mächte haben sich in den Krieg eingemischt und ihn dadurch erheblich verschärft.

Verkürzt gesagt: Der Jemen ist zum Schauplatz eines weit über sein Territorium hinausreichenden Machtkampfes zwischen dem Iran und Saudi-Arabien geworden. Während der Iran schon länger hinter den Huthi-Rebellen aus dem Norden steht, unterstützte Saudi-Arabien, dem die Vereinigten Arabischen Emirate beigesprungen sind, zunächst ein Bündnis aus Islamisten, Salafisten und Stammesmilizen aus dem Süden. Diese Zusammenarbeit kam rasch an ihre Grenzen, weil Saudi-Arabien kein Interesse an einem gemeinsamen Vorgehen mit Islamisten und Salafisten hatte.

Alle Kriegsparteien verfügten dank finanzieller Hilfe und Waffenlieferungen von außen über ein großes Arsenal qualitativ hochwertigen Kriegsmaterials. Seit 2015 sind dem Krieg im Jemen nach Angaben einer islamischen Hilfsorganisation mehr als 400 000 Menschen zum Opfer gefallen. Von den etwa 26 Millionen Einwohnern des Jemen benötigen nach derselben Quelle 21 Millionen humanitäre Hilfe und mehr als 17 Millionen von ihnen leiden akut an Hunger. Die Infrastruktur ist weitgehend zerstört – eine humanitäre Katastrophe im Schatten großregionaler Rivalität ohne Aussicht auf baldiges Ende.

Libysche Zerrüttungen

Der Krieg in Libyen, der seit 2011 das Land zerstört, ist ein Bürgerkrieg mit, wie so oft, halb verdeckter Beteiligung auswärtiger Mächte. Er entwickelte sich in drei Etappen: 2011 mit dem Aufstand gegen den Herrscher Gaddafi, dann 2014 nach dem erfolglosen Ende eines Übergangsprozesses zur Rettung der Einheit des Landes, und schließlich 2019 mit dem gescheiterten Versuch General Haftars, seine Macht vom östlichen und südlichen Teil Libyens auf das ganze Land auszudehnen. Alle drei Etappen des Bürgerkriegs sind ein deprimierendes Beispiel für die Fehlschläge einer von der UNO legitimierten Interventionspolitik aus (wenn auch nicht ausschließlich) humanitären Motiven. Die Intervention war hauptsächlich von westlichen Staaten konzipiert worden. In ihrem Zentrum standen die Begriffe *Human Security* und *Responsibility to Protect* (R2P).

Libyen wurde seit 1969 von Muammar al-Gaddafi regiert, unter den vielen Diktatoren der Region einer der bizarrsten. Reichhaltige Öl- und Gasvorkommen brachten seinem Regime genügend finanzielle Mittel für ehrgeizige bis verrückte politische Projekte aller Art, etwa erst pan-arabische und später sogar pan-afrikanische Pläne, in denen die eigene Person des Diktators stets im Mittelpunkt stand. Libyen übte auch Terroranschläge aus (z. B. den Bombenanschlag auf ein amerikanisches Verkehrsflugzeug am 21. Dezember 1988) und galt jahrzehntelang als völlig unberechenbarer Staat.

Den Protesten gegen seine Herrschaft, die im Februar 2011 parallel zu denen in anderen arabischen Ländern einsetzten, begegnete der Diktator sofort mit heftiger Gewalt. Daraufhin verabschiedete der UNO-Sicherheitsrat Mitte März eine Resolution, in der andere Staaten aufgerufen wurden, die libysche Zivilbevölkerung gegen das staatsterroristische Regime zu schützen, und zwar mit allen dazu notwendigen Mitteln. Gegen diese Resolution stimmte niemand, aber fünf Sicherheitsrats-Mitglieder enthielten sich, darunter auch Deutschland. Wenig später begannen die militärischen Aktionen gegen das Regime, besonders folgenreich eine Seeblockade und Luftschläge gegen die libysche Luftwaffe. Ende Oktober 2011 hatte die hauptsächlich aus NATO-Staaten bestehende multinationale Koalition das Regime besiegt. Gaddafi wurde getötet. Die Aufständischen übernahmen die Herrschaft.

Darauf versank das Land im Chaos eines Kriegs um die Macht. Die westlichen Hoffnungen auf einen Demokratisierungsprozess schwanden rasch dahin. 2014 setzte eine zweite Phase des Bürgerkriegs ein, als sich General Haftar im Osten des Landes, unterstützt von einer sogenannten Libyschen Nationalarmee (LNA), zum Regierungschef ausrief. In der Hauptstadt Tripolis residierte indessen eine schwache »Regierung der Nationalen Einheit« (GNA). Vermittlungsversuche der UNO konnten keine Einigkeit zwischen den verfeindeten Parteien herstellen und auch keine vorübergehende Stabilität erreichen.

Die Wirtschaft des ressourcenreichen Landes liegt darnieder. Korruption, Fehden zwischen privaten Clan- und Stammesmilizen und Kriminalität haben Überhand gewonnen. Der Terrororganisation Islamischer Staat gelang es, sich 2014 vor allem im Osten Libyens zu etablieren, wurde

Terror und Bürgerkrieg: Libysche Rebellen vor dem Wrack eines zerstörten Hubschraubers

aber zwei Jahre später von den Truppen Haftars besiegt und musste in den Untergrund gehen. Im Februar 2021 wurde Abdul Hamid Dbaibah übergangsweise zum Premierminister ernannt, was aber nicht das Ende der Spaltung des Landes bewirkte. Ein Jahr später wurde im Ostteil Libyens eine Parallelregierung gewählt, die Fathi Bashagha zum Ministerpräsidenten ernannte. Beide Regierungen erkennen sich gegenseitig nicht an und beanspruchen die alleinige Regierungsgewalt. Militärische Unterstützung bekommt General

Haftar von Russland, das auch Söldner der Wagner-Gruppe geschickt hat, von den Vereinigten Arabischen Emiraten, Frankreich und Ägypten. Auch US-Präsident Trump hat Haftar zu seinem Einsatz gegen den Terrorismus gratuliert. Die Streitkräfte der Dhaibah-Regierung erhalten ihrerseits finanzielle und personelle Militärhilfe von der Türkei. Auch Katar und Italien unterstützen sie.

Inzwischen hat unter den verschiedenen Privatmilizen ein Auslese- und Konsolidierungsprozess eingesetzt. Sie unterhalten in gewisser Weise ein zur Struktur gewordenes Ausbeutungsnetz. Angesichts einer solchen Gemengelage innenpolitischer und internationaler Interessen und Präferenzen sind bisher alle Versuche erstickt, das Land auf friedlichem Wege zu einen. Das ist für Europa allein schon deshalb eine Belastung, weil Libyen ein wichtiges Transitland für Migranten aus dem Nahen Osten und Afrika ist. Seit 2020 ist die Bundeswehr (mit bis zu 300 Soldaten und Soldatinnen) an Irini beteiligt, einer EU-geführten multinationalen Marinemission vor der libyschen Küste. Waffenlieferungen nach Libyen, der Menschenschmuggel von Schleusern aus dem Land sowie die illegale Ausfuhr von Rohöl und Ölprodukten sollen unterbunden werden. Ein Durchbruch ist der Mission bislang nicht gelungen.

Der Angriff der Hamas

Bis vor Kurzem schien das militärische, geheimdienstliche und ökonomische Übergewicht Israels gegenüber seinen Feinden in der Region nicht zu erschüttern. Das war ein Irrtum, wie sich bei dem Angriff der islamistischen Terrororganisation Hamas auf den Süden des Landes am 7. Oktober 2023 zeigte. Die Hamas hält im palästinensischen Gazastreifen alle politisch-militärischen Fäden in ihrer Hand. Und sie steht zudem in einem innerpalästinensischen Konkurrenzverhältnis mit der Fatah-Partei, die in den palästinensischen Autonomiegebieten im Westjordanland, von Israel toleriert, regiert.

Die mit ihrem Angriff verfolgten Ziele der Hamas lassen sich wie folgt zusammenfassen: Durch die Militärschläge mittels Raketenbeschuss und Eindringen auf israelisches Gebiet mit Hunderten von Toten und 240 Geiselnahmen sollten der Regierung und der Bevölkerung Israels ihre Schutzlosigkeit demonstriert und die arabischen Länder von einer weiteren Annäherung an Israel abgehalten werden. Darüber hinaus geht es der Hamas-Führung darum zu zeigen, dass sie die Gegenschläge der israelischen Streitkräfte aushalten kann. Dafür nimmt sie die Zerstörung Gazas und viele Tote der arabischen Bevölkerung in Kauf. Und nicht zuletzt hat sie ihren Angriffskrieg auch als eine »Schlacht der Gefühle« in den Medien inszeniert. Es kommt ihr darauf an, möglichst viele Unterstützer für die eigene Sache zu rekrutieren und Israel kontrafaktisch in die moralische Defensive zu drängen.

Israels Kriegsziele sind denen der Hamas entgegengesetzt und entbehren nicht einer gewissen Widersprüchlichkeit. Das ist auch darauf zurückzuführen, dass die Hamas Zeitpunkt und Umstände ihres Angriffs wählen konnte. Die politische und militärische Führung Israels will als Erstes Vergeltung für die Attacken auf das eigene Territorium, zweitens die Vernichtung der Hamas (das heißt den Tod ihrer Anführer und die Zerschlagung der Organisation) und drittens die Befreiung der Geiseln. Diese Ziele lassen sich nicht leicht optimieren, zumal die Hamas die Geiseln und die Spekulationen über ihr Schicksal zur Spaltung des gesellschaftlichen Zusammenhalts der israelischen Gesellschaft und zum Aushandeln militärischer Vorteile nutzt. Grundsätzlich will Israels Führung das unterminierte Vertrauen in die eigene Verteidigungsfähigkeit wiederherstellen und längerfristig eine Neuformulierung der palästinensischen Frage erreichen.

Militärisch bedroht wird Israel auch an seiner Nordgrenze. Extremistische Organisationen wie die im Libanon mächtige, vom Iran unterhaltene Hisbollah verfügen über genügend militärisches Potenzial, um die grenznahe israelische Bevölkerung in Angst und Schrecken zu versetzen. Dass auch aus dem Jemen von den Huthi-Rebellen Raketen auf Israel abgefeuert wurden, ist zwar eine eher nachrangige, symbolische Geste. Aber die Angriffe auf Handelsschiffe im Roten Meer können beträchtliche Beeinträchtigungen des Welthandels bewirken. Die arabische Welt und viele Muslime in Ländern anderer Kontinente überbieten sich in Verurteilungen Israels, ungeachtet der Tatsache, dass die Hamas den Krieg gewollt, geplant und begonnen hat.

Militärisch gesehen befindet sich Israel trotz aller materiellen und kriegshandwerklichen Überlegenheit in einer schwierigen Lage. Die meisten, wenn auch nicht alle Raketen aus dem Gazastreifen können mit dem Abwehrsystem Iron Dome abgefangen und weitgehend neutralisiert werden. Die eigenen Luftangriffe auf Gaza produzieren eine

Flut von Bildern von zerstörten Häusern und Toten, von Überlebenden voller Hass auf Israel, obwohl doch die Hamas in diesen Kämpfen die eigene Bevölkerung als Schutzschild für sich benutzt.

Die israelischen Kriegsziele lassen sich aber ohne ein Vorrücken der Armee in den Gazastreifen nicht realisieren. Dabei gehören trotz aller Luftunterstützung Häuserkämpfe in dicht besiedelten städtischen Räumen zu den schwierigsten militärischen Operationen. Häuserkämpfe lassen sich leichter gewinnen, wenn die Gebäude zuvor von ihren Bewohnern verlassen und weitgehend zerstört worden sind. In Gaza kommt hinzu, dass es die vorrückenden israelischen Truppen mit einem weit verzweigten Tunnelsystem zu tun haben, das die Hamas über Jahre immer weiter ausgebaut hat und für Kommandozentralen, Verstecke, Hinterhalte und Absetzbewegungen nutzen kann.

Wie sich die steile Eskalation des Konflikts entwickeln wird, ist noch nicht absehbar. Die Hamas erfreut sich offensichtlich der Unterstützung des Iran und anderer Staaten in der Region. Wie weit diese es bei rhetorischen Drohungen belassen oder direkt in den Krieg eingreifen werden, ist schwer zu ermessen. Die Unterstützung Israels durch die USA und die große Mehrheit der europäischen Staaten wird hier wie dort durch innenpolitische Kritik geschwächt. Die Wucht der Ereignisse lässt Schlimmes befürchten. Der Angriff der Hamas auf Israel hat das Potenzial zu einem großregionalen Krieg.

Kriege in Afrika

Afrika ist ein riesiger Kontinent. Umgeben von Ozeanen im Osten und Westen, umfasst er ausgedehnte Wüstengebiete, Steppen und Urwälder. Seine politische Landkarte zeigt gegenwärtig 54 souveräne Staaten, unter denen Nigeria mit 214 Millionen Einwohnern, Äthiopien mit 108 Millionen und Ägypten mit 104 Millionen am bevölkerungsreichsten sind.

In verschiedenen Teilen Afrikas finden sich bedeutende Bodenschätze, von Gold, Diamanten und Öl bis zu Kobalt, Uran und anderen seltenen metallischen Mineralien. Potenziell ist Afrika reich, tatsächlich aber leben dort viele Menschen in Armut. Und es ist ein Kontinent, der politisch nicht zur Ruhe kommt – wirtschaftlich von kleinen Herrschaftsgruppierungen und auswärtigen Großunternehmen ausgebeutet, von und mit Gewalt regiert. Viele Menschen möchten fliehen. Afrika ist zugleich sehr reich und sehr arm.

Dafür gibt es mehrere Gründe, die von Land zu Land unterschiedliches Gewicht haben. Zwar kann Afrika als einheitlicher Kontinent betrachtet werden, aber die natürlichen, sozialen und politischen Lebensbedingungen der Menschen variieren beträchtlich, je nachdem, wo sie leben. Die arabischen Maghreb-Staaten im Norden unterscheiden sich in vielerlei Hinsicht von ost- oder westafrikanischen Staaten in der Mitte des Kontinents oder von Südafrika. Sie werden deshalb meist zur MENA-Region gezählt.

Dennoch kann die Sichtweise auf den Kontinent als Einheit sinnvoll sein. Allerdings um den Preis, dass dabei viele reale innerafrikanische Unterschiede nicht wahrgenommen werden. Im Selbstverständnis der politischen und akademischen Eliten in den afrikanischen Staaten ist die Vorstellung der kontinentalen Einheit fest verankert, weil Afrika eine gemeinsame Vergangenheit als Kolonien europäischer Staaten hat. Unterschiede zwischen den Kolonialregimen und bei der Dauer von Zuordnungen einzelner afrikanischer Territorien zu der einen oder anderen Kolonialmacht mit den daraus sich ergebenden politischen und kulturellen Differenzen gelten ihnen als nachrangig. Die indigene Bevölkerung Afrikas sieht die Kolonialzeit und ihren damaligen rechtlichen Status vor allem als rassistische Fremdherrschaft, als Ausdruck von Unterdrückung und Ausbeutung. Die Zeit davor wird nur selten thematisiert.

Einige wenige afrikanische Kolonien wurden schon früher unabhängige Staaten, der großen Mehrzahl gelang das erst in der zweiten Hälfte des 20. Jahrhunderts. Ihre Unabhängigkeit erreichten sie fast immer nach heftigen Kämpfen mit den Streitkräften der Kolonialmächte. Die antikolonialistischen Befreiungskriege Afrikas sollten nicht nur politische Selbstbestimmung, sondern auch das Ende von Ungleichheit, Ausbeutung und Armut bewirken. Die politische

Unabhängigkeit wurde erreicht; die anderen Ziele sind bis heute nicht verwirklicht. Die Versprechungen der ersten Generation charismatischer afrikanischer Führer während der Entkolonialisierungskriege blieben unerfüllt.

Dafür und für die Kriege in vielen Teilen Afrikas gibt es mannigfache Gründe. Die noch lange nach Erreichen der politischen Unabhängigkeit fortdauernde wirtschaftliche Abhängigkeit von äußeren Mächten (vorwiegend, aber nicht nur von Wirtschaftsunternehmen der früheren Kolonialmächte) ist sicher einer der gewichtigsten. Jedoch macht es sich zu leicht, wer unkritisch den Kernaussagen eines in Afrika und darüber hinaus auch im Westen weit verbreiteten Erklärungsansatzes folgt, der Kolonialismus sei die Ursache für alle Übel Afrikas in der Gegenwart. Ihn für sämtliche problematischen Entwicklungen auf dem Kontinent verantwortlich zu machen, entlastet zwar die Führungsschichten der einzelnen Staaten und vermag viele Menschen zu mobilisieren. Plausibel ist er aber allein schon deshalb nicht, weil die Kolonialzeit und die Abschüttelung der westlichen Fremdherrschaft inzwischen mehrere Jahrzehnte zurückliegen.

Gewiss, die Probleme Afrikas sind in diesem Zeitraum durch wirtschaftliche oder militärische Eingriffe von Mächten außerhalb des Kontinents kaum gemindert, oft genug verschärft worden. Doch lassen sich die gewaltsame Aufladung interethnischer Differenzen, die Verbreitung von Korruption und Kleptokratie in Regierung und Verwaltung, die Missachtung demokratischer Regeln und die Häufigkeit von Militärputschen auch auf hausgemachte Ursachen zurückführen.

Konflikt-, Gewalt- und Kriegspanorama

Das Londoner Institute for Economics and Peace (IEP) und das schwedische Uppsala Conflict Data Program (UCDP), die jährliche Übersichten über Kriege auf dem Globus veröffentlichen, haben eine weltweite Zunahme mit Gewalt ausgetragener Konflikte und von Kriegen festgestellt. So wie sich die Weltlage in diesem Jahrzehnt bislang darstellt, ist mit einem weiteren Anstieg der Konflikt- und Kriegszahlen zu rechnen. Für das Jahr 2022 wurden fast 240 000 Tote als Folge von kriegerischer Gewalt gezählt, die meisten davon im Tigray-Konflikt in Äthiopien. 2022 war das Jahr mit den meisten Kriegstoten seit 1994, als der Bürgerkrieg in Ruanda über 800 000 Menschen das Leben kostete. Es gab auch in anderen Regionen der Welt erhöhte Opferzahlen, etwa nach dem russischen Angriff auf die Ukraine. Jedoch wird es kaum ein Zufall sein, dass am Ende des 20. Jahrhunderts und in der Gegenwart afrikanische Kriege die höchsten Opferzahlen aufweisen. Zu diesen Zahlen müssen noch die manchmal viel höheren der von den Kämpfen betroffenen Zivilisten hinzugerechnet werden, die durch Hunger oder nach Krankheiten gestorben sind.

Das Heidelberg Institute for International Conflict Research (HIIK) veröffentlicht seit mehreren Jahrzehnten jährlich ein Konflikt-Barometer. Darin werden für das Jahr 2022 weltweit insgesamt 42 Kriege mit einem hohen Maß an Gewalt aufgelistet. Die Hälfte davon findet in Afrika statt, genauer im subsaharischen Afrika. Auch in den Ländern nördlich und südlich dieses breiten Gürtels stößt man nur selten auf politische und soziale Verhältnisse, die als friedlich bezeichnet werden können. Die arabischen Staaten im Norden des Kontinents, allesamt Anrainerstaaten des Mittelmeers, haben nach den Unruhen des Arabischen Frühlings 2011 und dessen gewaltsamer Beendigung durch Polizei und Streitkräfte zu einer wenig verlässlichen »Ruhe nach dem Sturm« gefunden. Die alten und nicht sehr effizienten Führungsschichten sehen sich von zwei Seiten bedroht, von den Islamisten und Dschihadisten auf der einen und den Anhängern westlicher Freiheiten auf der anderen Seite. Die große Ausnahme ist Libyen, wo der Krieg verschiedener Milizen und paramilitärischer Truppen, jeweils verstärkt durch Söldner, Waffen und Finanzmittel aus dem Ausland, zu immer weiteren Zerstörungen geführt hat und den Reichtum des Landes verschleudert.

Die Maghreb-Staaten Algerien, Tunesien, Marokko sowie Westsahara und Mauretanien müssen allesamt mit starken inneren Spannungen fertigwerden. Zwischen Marokko, Mauretanien und dem nur von wenigen Staaten als eigenständig anerkannten Territorium Westsahara schwelt ein Langzeitkonflikt, in dem immer wieder Gewalt aufflammt. Vermittlungsversuche der Afrikanischen Union und der UNO zwischen Marokko und der um Unabhängigkeit kämpfenden Frente Polisario – sie wird vor allem von Algerien unterstützt – haben bislang außer zwischenzeitlichen Waffenstillständen kein Ergebnis erbracht. Der Westsahara-Konflikt liegt fast völlig außerhalb des Blickfelds der Weltöffentlichkeit. Auch die Tatsache, dass eine Migrationsroute von hier zu den Kanarischen Inseln führt, die als spanische Provinzen zur Europäischen Union und damit zum Schengenraum gehören, hat daran nichts wesentlich geändert.

Die explosivsten und gefährlichsten Konfliktherde in Afrika konzentrieren sich in einer geografischen Zone, die im Osten an den Indischen Ozean grenzt (Somalia und Kenia), dann als subsaharische Region Länder wie Äthiopien, Dschibuti und Eritrea umfasst, ferner den Sudan und den seit 2011 unabhängigen Südsudan, Tschad, Niger, Mali und Senegal im äußersten Westen des Kontinents. Auch die Staaten südlich davon, die Zentralafrikanische Republik, die Demokratische Republik Kongo (von 1971 bis 1997 Zaire), Uganda, Ruanda, Burundi, Republik Kongo, Gabun, Äquatorial Guinea, Kamerun, Nigeria, Benin, Burkina Faso (bis 1984 Obervolta), Ghana, Elfenbeinküste, Liberia, Sierra Leone, Guinea-Bissau, Guinea und Gambia, gehören dazu. Fast die Hälfte der 42 Kriege, die das Heidelberger Institut für 2022 weltweit gezählt hat, findet in dieser Zone statt. Schwerpunkte sind Äthiopien, Somalia, Sudan und Südsudan, Mali und die Demokratische Republik Kongo, wobei die lokalen Konflikte und Kriegshandlungen fast immer auf die Nachbarstaaten übergreifen.

Auch die südlich dieses breiten Staatengürtels in der Mitte Afrikas liegenden Länder sind in so gut wie allen Fällen weit von innerem Frieden entfernt. In den dortigen, nach der Terminologie des deutschen Auswärtigen Amtes »sicheren Reiseländern« dieses Teils Afrikas kommt es regelmäßig zu Warnungen vor terroristischen Angriffen islamistischer Gruppen (Mosambik), kleineren sezessionistischen Bewegungen (Angola), aufgeheizten politischen Demonstrationen in städtischen Ballungsgebieten sowie grenzüberschreitenden Übergriffen aus der Demokratischen Republik Kongo (Sambia). Der BRICS-Staat Südafrika, der den Anspruch hat, eine kontinentale Ordnungsmacht zu sein, ist aus innenpolitischen Gründen nahe daran, zu einem *Failed State* zu werden. Das hätte eine schwer abzuschätzende, jedoch in jedem Fall nachhaltige Destabilisierung des südlichen Teils Afrikas zur Folge.

Somalia, Eritrea und Äthiopien

Ihr Einsatz zur Unterstützung der UNO-Mission in Somalia (UNOSOM II) zwischen März 1993 und März 1994 brachte für die Bundeswehr erste Erfahrungen mit militärischen humanitären Interventionen. Die innere Situation des Landes konnte durch die Bemühungen der UNO nicht wirklich verbessert werden. Hungersnöte, Dürrekatastrophen und ein besonders heftiger und nicht enden wollender Bürgerkrieg (seit 1991) kennzeichnen diese Lage bis heute. Nur im abgespaltenen, völkerrechtlich aber immer noch zu Somalia gehörenden Somaliland und im angrenzenden unabhängigen Dschibuti erscheinen die politischen Verhältnisse vergleichsweise ruhiger. Somalia hingegen ist zum Kampfplatz geradezu existenziell verfeindeter ethnischer Gruppen geworden (missverständlich Clans genannt), die sich auch internationalen Versuchen zur Krisenbewältigung widersetzten. Planmäßig eigneten sie sich Hilfslieferungen mit Nahrungsmitteln und zur medizinischen Versorgung der Bevölkerung an, um damit Geschäfte zu machen. Im ersten Jahrzehnt nach der Jahrhundertwende blühte vor der somalischen Küste das Geschäft mit gekaperten Schiffen internationaler Reedereien. Diese Art von moderner Piraterie gibt es unter anderem auch an der Atlantikküste Westafrikas und im Südchinesischen Meer. Nur kostspielige internationale Anstrengungen konnten die den Welthandel beträchtlich schädigende Piraterie am Horn von Afrika eindämmen.

Die jahrzehntelangen chaotischen Verhältnisse in Somalia haben nicht nur bewirkt, dass wegen des schieren Kampfes ums Überleben die Gewalt aller gegen alle alltäglich wurde. Sie haben zudem eine islamistisch-dschihadistische Miliz hervorgebracht, die in den letzten Jahren Massaker, Anschläge auf zivile Infrastruktur, gegen Anhänger anderer Religionen und den zum Feindbild Nummer eins erklärten »Westen« unternommen hat. Die al-Shabaab-Miliz gehört weltweit zu den militantesten Terrororganisationen. Zeitweise beherrschte sie größere Teile Somalias. Sie praktizierte dort eine Art »Steinzeitislam« (Alfred Schlicht) und griff Ziele im benachbarten Kenia an. Einer solchen Kombination von religiösem Fanatismus, eingeübter Grausamkeit, krimineller Geschäftstüchtigkeit, zusammengehalten mittels einer militaristischen Binnenorganisation, begegnet man auch in anderen Ländern des subsaharischen Afrika, beispielsweise im Norden Nigerias.

Äthiopien blickt zurück auf eine gewaltgetränkte Vergangenheit. Drei Jahrzehnte lang, vom Beginn der 1960er bis in die frühen 1990er Jahre, tobte ein viele Opfer fordernder Krieg um die Abspaltung Eritreas von Äthiopien. Er endete mit der Unabhängigkeit Eritreas, seither ein selbstständiger Staat mit extrem armer Bevölkerung und einer im Laufe der Jahre zunehmend repressiven Regierung. Nach einem Mili-

Bedrohte Handelsrouten: Der militärische Schutz der zivilen Schifffahrt bleibt eine Herausforderung, wie hier vor der Küste Somalias im Herbst 2010.

tärputsch 1974 und einer für die westlichen Verbündeten Äthiopiens überraschenden »Konversion« des äthiopischen Militärdiktators Mengistu zum Sozialismus sowjetischer Prägung kam es zu einem kurzen, aber folgenreichen Krieg zwischen Äthiopien und dem damals noch sowjetsozialistisch orientierten Somalia um die Region Ogaden, die von Äthiopien dem eigenen Territorium zugeschlagen wurde. Auch dieser Krieg hatte schwerwiegende Langzeitfolgen, vor allem für das unterlegene Somalia und für die Hunderttausend Flüchtlinge aus dem Ogaden, die im geschwächten Somalia Aufnahme suchten.

Nach anfänglich ertragreicher Kooperation zwischen Eritrea und Äthiopien brach aus nicht genau erklärten Gründen 1998 ein Krieg zwischen beiden Ländern aus, der erst Ende 2000 in einem widerwillig abgeschlossenen Waffenstillstand auslief. Die Opferbilanz war erschreckend; damals sollen ungefähr 100 000 Menschen durch den teils mit modernen Waffen, teils nach taktischen Mustern des Ersten Weltkriegs geführten Krieg ihr Leben verloren haben. Der als Niederlage empfundene Waffenstillstand trug wesentlich dazu bei, dass sich Eritrea seither immer weiter militarisiert hat. Viele Eritreer flohen aus dem Land, das für alle männlichen Bürger zwischen 18 und 50 Jahren eine nationale Dienstpflicht mit unbegrenzter Dauer eingeführt hat. Der interne Konflikt spaltet auch die ausländischen Gemeinden der Eritreer. Auf den eigentlich folkloristisch ausgerichteten Eritrea-Festivals in Deutschland (Gießen), Schweden (Stockholm) und Israel (Tel Aviv) kam es im Sommer 2023 zu blutigen Auseinandersetzungen zwischen Anhängern und Gegnern des Regimes in Asmara.

Der Krieg zwischen Eritrea und Äthiopien um die Jahrhundertwende gehört zur Vorgeschichte des Bürgerkriegs um die Region Tigray, der im November 2020 begann. Kriegsparteien sind die Zentralregierung im äthiopischen Addis Abeba und die Volksbefreiungsfront Tigray (TPLF). Äthiopien ist ein multiethnischer Staat, in dem Konflikte zwischen den Ethnien eine lange Tradition haben. In den Jahrzehnten vor 2018, dem Regierungsantritt des jetzigen Ministerpräsidenten Abiy Ahmed, übte die TPLF beträchtlichen Einfluss auf die äthiopische Regierung aus. Das hatte auch mit ihrer politischen Selbstdefinition als marxistisch-leninistische Befreiungsbewegung zu tun, vielleicht mehr noch mit dem Status als große Volksgruppe im Norden des Landes an der Grenze zu Eritrea. Abiy Ahmed stammt aus der größten Volksgruppe Äthiopiens, den Oromo. Er drängte die politische Macht der Tigray zurück, erklärte die Feindschaft mit Eritrea kurz nach seinem Amtsantritt für beendet und begann fast gleichzeitig eine Militäroffensive auf die Regionalhauptstadt Mek'ele in Tigray. Dabei wurden die äthiopischen Truppen von Soldaten aus Eritrea unterstützt, denen der Ruf besonderer Brutalität anhängt. Binnen zwei Jahren eskalierte der Krieg zwischen den verfeindeten Volksgruppen Tigrayer, Oromo, Amharen und Eritreern (Angehörige dieser Ethnie leben auch in der Region Tigray) und hatte verheerende Auswirkungen auf die Bevölkerung. Er wurde in einer Mischung aus klassischen Infanterievorstößen, Attacken mit leicht oder gar nicht gepanzerten Fahrzeugen, aber auch Einsätzen von Panzern und anderen schweren Waffen, Flugzeugen und Drohnen geführt. Ministerpräsident Abiye Ahmen verfügte eine Blockade von Hilfsgütern für die umkämpfte Region und verstärkte damit eine Hungerkatastrophe. Flächendeckende Zerstörungen von Gebäuden und Infrastruktur, Verwüstung von landwirtschaftlich genutzten Flächen, eine Flüchtlingswelle in die Nachbarstaaten und eine halbe Million Kriegstote – das ist die Bilanz eines Kriegs, von dem unsicher ist, ob er durch den Ende 2022 mit internationaler Vermittlung seitens der UNO, den USA und Teilen der Afrikanischen Union zustande gekommenen Friedensschluss wirklich beendet ist. Nebenbei: Der Hauptsitz der Afrikanischen Union ist ein seinerzeit vom libyschen Diktator Gaddafi finanziertes Gebäude in Addis Abeba. Afrika-Experten bezweifeln, dass das traditionelle Muster militanter Hegemonialkämpfe zwischen den großen Volksgruppen Äthiopiens bald überwunden sein wird.

Sudan am Abgrund

Der Sudan hat im Norden eine längere Grenze mit Ägypten, im Osten mit Äthiopien, im Süden mit Uganda, der Demokratischen Republik Kongo und der Zentralafrikanischen Republik sowie im Westen zum Tschad. In dem Land mit der Hauptstadt Khartum gibt es seit Generationen Machtkämpfe zwischen dem vom Militär beherrschten Zentrum und der Peripherie. Sie behindern nachhaltig die Ausbildung eines integrativen Staatsbewusstseins. Außerdem belasten die blutigen Konflikte in angrenzenden Staaten wie etwa der Krieg zwischen Äthiopien und Eritrea direkt (durch Flüchtlingswellen) oder indirekt (durch Erschwerung des Austauschs von Wirtschaftsgütern) immer wieder auch Teilgebiete des Sudan.

Nach längerer Vorgeschichte eskalierte 2003 der Konflikt in der westlichen Region Darfur zwischen der Zentralregierung und regionalen Rebellenmilizen. Sudans damaliger Militärdiktator bekämpfte die Aufständischen auch mithilfe eigens rekrutierter paramilitärischer Milizen, die mit äußerster Brutalität gegen die Aufständischen und die Zivilbevölkerung vorgingen. Die Folge war eine humanitäre

Katastrophe, die von etlichen Beobachtern als der erste Völkermord im 21. Jahrhundert bezeichnet wird. Nach vermutlich zu niedrig angesetzten Schätzungen wurden zwischen 2003 und 2008 mehr als 300 000 Menschen getötet und fast die Hälfte der vor dem Krieg in Darfur lebenden sechs Millionen Einwohner vertrieben. Viele von ihnen flüchteten in den Tschad. Gelöst ist der Konflikt bis heute nicht, und von Frieden kann keine Rede sein.

Ursache ist ein Konglomerat von strukturellen Problemen und aktuellen Zuspitzungen. Ausschlaggebend für die Rebellion in Dafur waren 2003 die anhaltende Repression der Zentralregierung, welche die peripheren Regionen mit eiserner Hand regierte, dabei aber selbst instabil war; die von Khartum aus propagandistisch hochgespielte, nicht nur ethnisch begründete Konkurrenz arabischer und schwarzafrikanischer Bevölkerungsteile; die Konflikte zwischen arabischen Nomaden und schwarzafrikanischen Viehhaltern; innerislamischer Streit und der Aufstieg islamistischer Gruppen sowie schwelende grenzüberschreitende Regionalkonflikte mit dem Sudan, Tschad, Libyen und der Zentralafrikanischen Republik. Das alles bildete eine hochbrisante Mischung, und es genügte ein Funke, um Gewalt und Gegengewalt auszulösen. Dieser Brand schwelt weiter.

Neben Verlusten an Menschenleben und materiellen Zerstörungen unterschiedlich schweren Ausmaßes bewirken die Kriege der Gegenwart fast immer humanitäre Krisen. Nicht jede humanitäre Krise geht auf einen Krieg zurück, aber in Gebieten, wo die Bevölkerung es ohnehin mit Naturkatastrophen wie Dürre, Überschwemmungen, Hunger und Wassermangel zu tun hat, werden die Folgen solcher Katastrophen nachdrücklich verschärft, wenn sie zu Kriegszonen werden. Das trifft insbesondere in Afrika zu.

Im April 2023 veröffentlichten die Wissenschaftlichen Dienste des Deutschen Bundestags als Teil der Serie »Übersehene humanitäre Krisen in der Welt« einen Kurzbericht über die Lage in der Republik Südsudan. Der Südsudan war nach Jahrzehnten der innersudanesischen Auseinandersetzung mit der Zentralregierung in Khartum Mitte 2011 unabhängig geworden. Eigentlich ein potenziell reiches Land mit vielen Rohstoffen (zum Beispiel Öl), hat der Südsudan nie eine wirkliche Chance gehabt, sich als Staat zu konsolidieren.

Schon zwei Jahre nach seiner Unabhängigkeit kam es zu einem fünfjährigen Bürgerkrieg zwischen den Anhängern des amtierenden Präsidenten und denen des Vizepräsidenten. Die Konfliktlinie zwischen ihnen ist durch ihre unterschiedliche ethnische Zugehörigkeit definiert. Die etwa 13 Millionen Südsudanesen sind überwiegend Anhänger einer christlichen Konfession oder einer animistischen Religion. Das ist ein Unterscheidungsmerkmal zum islamisch geprägten Sudan, konnte aber die tiefen ethnischen Gräben nicht einebnen.

2014 brachte dieser Konflikt dem Südsudan den Spitzenplatz im globalen *Fragile State Index* ein. Alle Versuche zur Beendigung des Bürgerkriegs seit 2018 sind bis heute gescheitert. Ein knappes Viertel der Einwohner ist inzwischen aus dem Land geflohen. Einige von ihnen mögen zurückgekehrt sein; aber die inneren Verhältnisse sind nach wie vor geprägt von Korruption der politischen Oberschicht, von Angriffen bewaffneter Viehzüchter auf Dörfer, Plünderungen, sexueller Gewalt und ungestrafter Gewaltkriminalität größten Ausmaßes.

Die staatlichen Ordnungskräfte wie Polizei oder Streitkräfte können oder wollen dagegen nicht einschreiten. Auch ausländische Hilfe wie die 2011 eingerichtete multinationale UNO-Friedensmission UNMISS (*United Nations Mission in the Republic of South Sudan*) hat daran nichts Wesentliches ändern können. Seit 2005 ist auch ein kleines Kontingent der Bundeswehr an UNMISS beteiligt. Die desolate Situation des Landes hat sich seit 2020 durch die Covid-19-Pandemie sowie durch anhaltende Überschwemmungen weiter verschlechtert.

Eine desolate Lage ist im Frühjahr 2023 auch im Sudan entstanden durch den bewaffneten Kampf zwischen den Sudanesischen Streitkräften (SAF) unter Führung von General al-Burhan und den paramilitärischen Rapid Support Forces (RSF) unter Führung von General Dagalo, genannt Hemedti. Beide Generäle standen sich schon im Darfur-Krieg gegenüber, verbündeten sich aber vorübergehend 2019 nach dem Volksaufstand gegen den langjährigen Diktator Bashir. Gemeinsam putschten sie 2021, um den Übergang zu einer zivilen Regierung zu verhindern. Seit April 2023 haben sich die sporadischen und scheinbar unorganisierten Kämpfe aus der Hauptstadt Karthum auf weite Teile des Landes ausgeweitet. Wieder droht Darfur davon besonders in Mitleidenschaft gezogen zu werden. Ein Ende des Bürgerkriegs, der eigentlich kein Bürgerkrieg, sondern ein Krieg zwischen rivalisierenden Militärführern ist, lässt sich nicht vorhersagen. Sicher ist nur, dass die humanitäre Krise im Sudan andauern wird.

Instabile Sahelzone

Zentrale Staaten der Sahelzone sind der Tschad, Niger, Mali und Burkina Faso. Keiner dieser Staaten ist in den letzten Jahren von in Gewalt eskalierenden kulturellen und politischen Spannungen verschont geblieben. In allen Ländern gibt es Kämpfe zwischen Angehörigen verschiedener Ethnien. Überall sind Milizen islamistischer Rebellen im Vormarsch, und überall haben sich Generäle an die Macht geputscht und eine Militärregierung etabliert: in Burkina Faso 2020 und zuletzt 2022, in Mali 2020 und 2021, im Tschad 2021, in Niger 2023. Diese Entwicklung ist die Folge des Zusammentreffens äußerst schwieriger Probleme, die sich rasant zugespitzt haben.

Die Kernstaaten der Sahelzone gehören zu den ärmsten der Welt. Durch anhaltende Dürre und einen raschen Anstieg der Bevölkerungszahl haben Nahrungsmittelknappheit und Ernährungskrise ein gefährliches Ausmaß angenommen. Agrarwissenschaftler benutzen den Ausdruck *Sahel-Syndrom*, um die Übernutzung des trockenen Graslandes und die nur kurzfristige Erschließung besonders erosionsanfälliger Böden zu bezeichnen. Ein anderer Fachbegriff dafür lautet *Desertifikation*, was so viel heißt wie Ausbreitung der Wüste. Dieses Grundproblem ist seit Beginn des 21. Jahrhunderts und dann noch einmal seit 2011 durch politische Verwerfungen verschärft worden. Die vorher einigermaßen stabilen Regierungen erlebten einen Kontrollverlust durch den Aufstieg dschihadistischer Gruppierungen, die es verstanden, die interethnischen Konflikte für sich auszunutzen. Aus Libyen kehrten nach dem Fall des

Bürgerkrieg im Sudan: Die UNO versucht seit über 10 Jahren, die Zivilbevölkerung zu schützen und den Krieg zu beenden.

Gaddafi-Regimes und des danach ausbrechenden Chaos Tuareg-Söldner nach Mali zurück und brachten teilweise den Norden des Landes unter ihre Kontrolle. Radikale islamistische Propaganda aus dem arabischen Teil Afrikas und den Golfstaaten fand bei der Bevölkerung zunächst wenig Anklang. In einigen Fällen aber war es für eine wirksame Eindämmung der islamistischen Milizen zu spät: 2013 zerstörten sie große Teile der uralten Stadt Timbuktu im Norden Malis.

Bis vor Kurzem besaß die frühere Kolonialmacht Frankreich noch nennenswerten Einfluss auf die Eliten der Sahelzonen-Länder, von denen einige (Burkina Faso, Mali, Niger) sich zu (wenn auch labilen) Demokratien zu entwickeln schienen. Die postkoloniale Politik Frankreichs war jedoch, um es vorsichtig auszudrücken, nicht immer sonderlich weitsichtig, sodass sich mittlerweile antifranzösische und, weil die Europäische Union Frankreichs Politik für die Sahelzone weitgehend übernommen hat, antieuropäische Stimmungen verfestigt haben. Der Anspruch internationaler militärischer Stabilisierungsmissionen wie MINUSMA (*United Nations Multidimensional Integrated Stabilization Mission*) in Mali oder EUMPM (*European Union Military Partnership Mission*) in Niger war von Anfang an realitätsfremd: Es sollten die einheimischen Streitkräfte besser ausgebildet werden, um die dschihadistischen Milizen zurückzudrängen. Zugleich sollten die Regierungen dazu bewegt werden, sich demokratiekonform zu verhalten. Das war kein schlüssiges Konzept, was aber längere Zeit verdrängt wurde – bis die Machtergreifung der Militärs den westlichen Stabilisierungskräften vor Ort ihre Ohnmacht vor Augen führte. Schlimmer noch: Die Sahelzone ist in den letzten Jahren, wie andere Regionen Afrikas auch, zum Operationsgebiet russischer Söldner der Wagner-Gruppe geworden. Sie werden von den örtlichen Machthabern geschätzt, denn von ihnen gehen keine demokratiekonformen Zumutungen aus, im Gegenteil.

So setzen sich die Kämpfe, an denen auch viele Kindersoldaten beteiligt sind, in den Ländern der Sahelzone unvermindert fort, gleichviel welcher General sich gerade an die

Macht geputscht hat und welche Versprechungen bezüglich der Übergabe der Macht an eine Zivilregierung gemacht werden.

Der Kongo und seine Nachbarn

In seinem knappen Überblick der Kriege in Afrika nach der Entkolonialisierung und der Aufzählung lokaler, großregionaler und internationaler Konstellationen der Konfliktverschärfung kommt der Agrar- und Sozialhistoriker Helmut Bley zu dem Urteil, die größte Kriegskatastrophe auf dem Kontinent habe sich in den Jahren und Jahrzehnten nach 1994 im Kongo abgespielt. Dabei hat es auch schon vorher über viele Generationen hinweg eine nicht abreißende Kette von gewaltgetränkten Katastrophen gegeben, die über den Kongo und die verschiedenen Völker und Stämme auf diesem zentralafrikanischen Territorium hereingebrochen sind: die Jagden auf Sklaven nicht nur für den transatlantischen Menschenhandel, das Intermezzo des Landes als Privatbesitz des belgischen Königs (1885–1908), die daran anschließende Zeit als staatliche belgische Kolonie, die Entkolonialisierungskämpfe und die 1960 erreichte Unabhängigkeit. Die mündete sofort in einen von außen durch politische und wirtschaftliche Interessen befeuerten Bürgerkrieg mit Abspaltungsversuchen einzelner Regionen (etwa Katanga). Von 1965 bis 1997 regierte Sese Seko Mobuto das Land. Dass sich ein dermaßen korrupter Diktator mehr als drei Jahrzehnte an der Macht halten konnte, zeugt von seinem skrupellosen Geschick im Umgang mit Zwang und Gewalt.

Regionales Pulverfass: Eingreiftruppen der Ostafrikanischen Gemeinschaft (EAC) bei ihrer Ankunft im Osten des Kongo, 2022

Die Unruhen im Kongo, in deren Verlauf Mobuto gestürzt wurde und Laurent-Désiré Kabila sich als sein nicht minder diktatorisch regierender Nachfolger durchsetzte, hatten ihren Schwerpunkt in der östlichen Provinz Kivu an der Grenze zu Ruanda und Burundi. Dem Völkermord in Ruanda 1994 waren viele Tutsi durch die Flucht in den Kongo entkommen. Der weitere Fortgang des Kriegsgeschehens stellt sich ausgesprochen unübersichtlich dar, denn ruandische und aus der Kivu-Bevölkerung rekrutierte Tutsi-

Milizen, fanatisierte Hutu-Milizen, reguläre Streitkräfte aus Ruanda, Burundi und Uganda, Truppen aus der Sahelzone und anderen Staaten der Region oder aus ferneren Ländern sowie von verschiedenen, auch privaten Geldgebern engagierte Söldner verbissen sich in einen langen Krieg mit katastrophalen Folgen für die betroffene Bevölkerung. Er griff vom Osten des Kongo auf das gesamte Staatsgebiet über. Die beteiligten Truppen finanzierten sich durch Plünderungen und über den lukrativen Handel mit Diamanten und anderen seltenen Rohstoffen.

Krieg und Gewalt haben seither nicht wirksam eingedämmt werden können, wiewohl jede der aufeinanderfolgenden Regierungen des Kongo bei Amtsantritt versprach, geordnete Verhältnisse und demokratische Werte und Verfahren durchzusetzen. Am Anfang des 20. Jahrhunderts hat Joseph Conrad seine eindrucksvolle Erzählung über die kolonialen Grausamkeiten im Kongo, »Herz der Finsternis«, veröffentlicht. Auch wenn dieser Buchtitel mittlerweile zu einem Klischee geworden ist, das im Westen aus Ignoranz oft herablassend verwendet wird, kann man sich bei der Lektüre von Berichten über die seit dem Ende des 20. Jahrhunderts bis heute dort begangenen Grausamkeiten des Eindrucks nicht erwehren, dass darin viel über die aktuelle Situation des Kongo zu lernen ist, ungeachtet aller Modernisierungen des Grauens.

Tragödie Afghanistan

Afghanistan ist ein kriegsgeschütteltes Land, schon seit vielen Generationen. Nicht ein einziges Jahr des 21. Jahrhunderts war in Afghanistan kein Kriegsjahr. Interne Konflikte, solche mit dem Nachbarland Pakistan, die Internationalisierung der teils ethnisch, vor allem aber religiös begründeten gewalttätigen Auseinandersetzungen, der Schatten des islamistischen Terrorismus, die gescheiterten Versuche westlicher Länder unter amerikanischer Führung, Afghanistans Streitkräfte zur verlässlichen Stütze von Sicherheit und staatlicher Stabilität zu machen – die Summe all dessen rechtfertigt die Bezeichnung Tragödie für das Schicksal eines faszinierenden Landes und einer eigentlich gastfreundlichen Bevölkerung, die wie gelähmt wirkt zwischen den Anforderungen der Tradition und den verlockenden Anforderungen der Moderne.

Der lange Krieg von 2001 bis 2021 mit seiner noch viel längeren Vorgeschichte ist eine vierfache Tragödie: am härtesten und unbarmherzigsten für die Mehrzahl der Menschen im Lande, insbesondere die Frauen. Zweitens für jene gar nicht so wenigen Afghaninnen und Afghanen, die auf die Schutzversprechen ihrer westlichen Arbeitgeber im Lande vertrauten und nach deren Abzug von den Taliban als Kollaborateure angesehen und verfolgt wurden. Drittens für die vielen Soldatinnen und Soldaten sowie die zivilen Mitarbeiter aus den westlichen Staaten und Nichtregierungsorganisationen, die viele Opfer brachten, um zu helfen, den Krieg zu beenden und eine zivile Gesellschaft aufzubauen, und am Ende ihr klägliches Scheitern erleben mussten. Viertens aber, und das mag überraschend klingen, ist dieser Krieg auch eine Tragödie für die Taliban, die zwar das Handwerk des Zerstörens beherrschen, aber mit der Übernahme der Verantwortung für Staat und Gesellschaft in Afghanistan ihrerseits von extremistischen Gruppen im Lande attackiert werden.

Die Ziele des Westens

Nachhaltige Freiheit, Staatsstabilisierung und resolute Hilfe, so hießen die Ziele der militärischen Missionen einer multinationalen Koalition von westlichen Staaten für das Land. Mit diesen programmatisch gewählten Bezeichnungen sollten die kurz-, mittel- und langfristigen Ziele des Westens für Afghanistan ausgedrückt werden. Nach den Terroranschlägen von New York und Washington und gewissermaßen als westliche Schockreaktion begannen gegen Ende 2001 die Militäraktion *Operation Enduring Freedom* (OEF) und, mit dem Segen der UNO, der zunächst auf die Hauptstadt Kabul konzentrierte zivil-militärische Einsatz der *International Security Assistance Force* (ISAF).

OEF war nichts anderes als eine weltweite Jagd auf al-Qaida und andere internationale Terrornetzwerke. Die Hauptoperationsgebiete lagen in Afghanistan, am Horn von Afrika, in mehreren Staaten des subsaharischen Afrika und auf den Philippinen. Ende des Jahres 2014 lief diese Mission aus. Aus US-amerikanischer Perspektive gilt sie als erfolgreich, allerdings mit hohen menschlichen und politischen Opfern.

ISAF sollte vor allem die nationalen Streitkräfte Afghanistans ausbilden und beim Auf- und Ausbau staatlicher Institutionen helfen. Auch diese Mission wurde Ende 2014 beendet. Allerdings nicht ohne eine Nachfolgemission, die ebenfalls multinationale *Resolute Support Mission* (RSM), die allerdings so resolut nicht war. Nach einer Abmachung zwischen den USA und den Taliban – das Papier nicht wert, auf das sie gedruckt war – endete sie Anfang September 2021 im Chaos des überstürzten Rückzugs westlicher Truppen. Schon während der Kriegshandlungen erschienen zahlreiche Studien, Analysen, Erfahrungsberichte und autobiografische Texte über die historischen Hintergründe, den militärischen Verlauf und die politischen Probleme des Kriegs. Westliche Nationen, die sich an den drei genannten Missionen beteiligten, hegten anfangs viel zu optimistische Einschätzungen über die finanziellen Mittel und die Zeitspanne, die nötig sein würden, das Land einigermaßen zu befrieden. Diese Befriedung galt als Voraussetzung, um dann mit tätiger Hilfe staatlicher und nichtstaatlicher Organisationen in eine Phase militärischer Sicherheit, innerer Ordnung, wirtschaftlicher Stabilität und behutsamer Demokratisierung eintreten zu können.

Das alles erwies sich als völlig unrealistisch. Nicht der einzige, aber ein wichtiger Grund für das vorprogrammierte Scheitern westlicher Zukunftshoffnungen für Afghanistan war die unübersehbare Lücke zwischen den Ankündigungen und Plänen westlicher Regierungen für ein post-talibanisches Afghanistan und dem Ausbleiben von Taten. Auch verlagerten manche Regierungen ihre Aufmerksamkeit nach kurzer Zeit auf andere Weltregionen – die Bush-Administration in Washington beispielsweise auf den Irak.

Das besondere Engagement Deutschlands

Ein Sonderfall unter den in Afghanistan engagierten NATO-Staaten war Deutschland. Die seinerzeitige sozialdemokratisch-grüne Koalitionsregierung nämlich blieb auf Distanz zur Irak-Strategie der USA und der »Koalition der Willigen«, die ihre Streitkräfte gegen den dortigen Diktator Saddam Hussein mobilisierten. Um aber dennoch Solidarität mit dem wichtigsten NATO-Partner zu zeigen, kündigte Deutschland, ganz ähnlich wie Kanada, besondere Anstrengungen bei der Stabilisierung der Regierung in Kabul an. Die Bundeswehrkontingente, die ab 2002 nach Afghanistan entsandt wurden, waren jedoch auf das, was sie erwartete, schlecht vorbereitet. Es dauerte Jahre, bis damit begonnen wurde, Ausstattungsmängel zu beheben. Anfangs wurden die Soldaten als Befreier begrüßt. Dann aber verschlechterte sich das politische Klima zwischen den zunehmend enttäuschten Einheimischen und den nach einiger Zeit nur noch als Besatzer angesehenen ISAF-Soldaten.

Deutschlands Beziehungen zu Afghanistan haben nicht unbedingt stabile, aber doch länger in die Vergangenheit zurückreichende Wurzeln. Auch deshalb ist nachvollziehbar, dass die Bundesregierung 2001 der Bitte der UNO nachkam, als Gastgeber einer internationalen Konferenz zu fungieren, auf der sich geladene Repräsentanten verschiedener politischer und ethnischer Gruppierungen aus Afghanistan über die Bildung einer Übergangsregierung in Kabul und über die Einleitung und den Fortgang eines Verfassungsprozesses für die demokratische Neugestaltung des Landes einigen sollten. Zudem sollten ausländische Truppen vorübergehend die Stabilisierung der neuen Regierung unter Hamid Karzai in Kabul unterstützen. Die Konferenz von Ende November/Anfang Dezember 2001 auf dem Petersberg bei Bonn wurde damals als großer diplomatischer Erfolg verbucht, zumal die Taliban-Regierung schon sehr bald militärisch vollständig besiegt war.

Anfangs schien es so, als würde die Afghanistan-Mission im Grunde auf eine Art »Friedenskonsolidierung in der Konfliktfolgezeit« hinauslaufen. Begriff und Konzept solcher Friedenskonsolidierung gehen auf die »Agenda für den Frieden« zurück, die der damalige UNO-Generalsekretär Boutros Boutros-Ghali 1992 vorgelegt hat. Aber während man in den 1990er Jahren noch damit rechnete, dass nach dem Ende eines Kriegs der Prozess der Friedenskonsolidierung leicht in Gang zu bringen und mit internationaler Unterstützung erfolgreich zu steuern sei, hat sich diese Erwartung seither weitestgehend verflüchtigt. In Afghanistan sollten Fördergelder in Milliardenhöhe den Wiederaufbau des Landes anstoßen. Dabei ging es um stabile staatliche Strukturen, um die Formierung einer Zivilgesellschaft unter Beteiligung verschiedener gesellschaftlicher Gruppen sowie um die Durchsetzung wirtschaftlicher und demokratiekonformer Reformen. Die westlichen Regierungen wollten dabei arbeitsteilig vorgehen. So sollten die USA den Neuaufbau der afghanischen Armee unterstützen, Deutschland entsprechend für die afghanische Polizei zuständig sein, Italien für den Umbau der Justiz, Japan für die Entwaffnung der verschiedenen Milizen und Großbritannien für die Eindämmung des Opiumhandels, traditionell ein Hauptausfuhrprodukt Afghanistans.

Friedenskonsolidierung klingt nicht nur optimistischer als Konflikteindämmung. Der Begriff hat eine konstruktive Aura, und vor allem scheint er nichts mit Krieg zu tun zu haben – denn der ist ja vorbei. In der politischen Kultur der Bundesrepublik Deutschland galt Krieg als militärische Fortsetzung der Politik in der Gesellschaft lange als historisch überholt. Gerade deshalb erschienen Anstrengungen zur Friedenskonsolidierung in Afghanistan als besonders attraktiv – Frieden schaffen mit zivilen Instrumenten und Konzepten, wobei Waffen allenfalls zur Absicherung dienen sollten. Das politische Berlin, aber auch die deutsche Öffentlichkeit betrachteten den Einsatz der Bundeswehr in Afghanistan als eine Art »militärisch abgesicherte Entwicklungshilfe« (Christian Hartmann), bei der die Soldaten an der Seite ziviler Nichtregierungsorganisationen zahlreiche Aufbauprojekte begleiten sollten, etwa den viel zitierten Bau von Brücken oder das Bohren von Brunnen. Die Bundeswehr blieb zunächst auf den Raum Kabul beschränkt, Ende 2003 wurde ihr Mandat auf Teile Nordafghanistans erweitert. Während in den südlichen Provinzen Helmand oder Kandahar schon bald Kämpfe und Gefechte zwischen den ISAF-Truppen und örtlichen Aufständischen begannen, blieb es im Norden noch längere Zeit vergleichsweise ruhig. In dem nur für den Dienstgebrauch der Truppe veröffentlichten »Leitfaden für die Bundeswehrkontingente« hieß es in dem Band über Afghanistan mit Stand vom April 2007: »Eine Gefährdung des Einsatzkontingentes durch kriegerische Handlungen im klassischen Sinn erscheint derzeit unwahrscheinlich.« Dies war zwar nicht ganz falsch, denn tatsächlich waren die gewalttätigen Auseinandersetzungen, die sich ab 2006 als intensiver und raumgreifender erwiesen, kein Krieg »im klassischen Sinn«. Aber dennoch verfehlte diese Sichtweise völlig die Dynamik des Kriegsgeschehens.

Das Ausmaß dieser Fehleinschätzung lässt sich klar an den vom Bundestag und der obersten militärischen Führung vorgegebenen militärischen Verhaltensregeln für die Bundeswehrsoldaten ablesen, den *Rules of Engagement*. Die deutschen Soldaten durften (übrigens unterschied sie das von den Soldaten anderer Nationen in der ISAF-Mission) ihre Waffen ausschließlich zur Selbstverteidigung einsetzen. Sie durften auch nicht auf flüchtige Angreifer schießen, wenn diese ihren Angriff abbrachen. Die Teilnahme an Offensivoperationen war dem deutschen ISAF-Kontingent nicht erlaubt; auch nicht die indirekte Unterstützung solcher Operationen. Maßnahmen gegen den Anbau von und den Handel mit Drogen waren untersagt. Als im Jahr 2007 Bundeswehrangehörige, deren Dienstaufgabe es seit ein paar Monaten war, die Soldaten eines afghanischen Infante-

Neuer Name, alte Probleme: US-General John F. Campbell erinnert 2015 vor dem *Resolute-Support*-Hauptquartier in Kabul an die vielen toten US-Soldaten.

riebataillons auszubilden, es bei dessen Einsatz in einer Südprovinz als Mentoren begleiten wollten, blockte das Verteidigungsministerium in Berlin ab.

Erst der berüchtigte Kundus-Vorfall Anfang September 2009, die von einem hohen Bundeswehroffizier ausgelöste Bombardierung zweier Tanklaster mit zahlreichen Toten, wurde zum Ausgangspunkt eines allmählichen, bis heute nicht abgeschlossenen Neuüberdenkens liebgewordener sicherheits- und militärpolitischer Grundsätze. Im zweiten Jahrzehnt des nunmehr nicht mehr als »Stabilisierungsmission« oder »kriegsähnliche Zustände«, sondern nüchtern und korrekt als Krieg bezeichneten Afghanistan-Konflikts büßte das deutsche Engagement in dem Land seinen Friedenskonsolidierungs-Optimismus mehr und mehr ein. Die öffentliche Zustimmung zu der Mission sank deshalb immer weiter. Andere Nationen begannen bald damit, ihren militärischen ISAF-Beitrag zu reduzieren. Anfang 2015 wurde aus ISAF die *Resolute Support Mission* (RSM), eine Bezeichnung mit unangenehm propagandistischem Oberton.

Zivil-militärische Defizite

Es ist nicht ganz einfach, für den Afghanistan-Krieg eine einheitliche, in sich stimmige westliche Strategie auszumachen. Am ehesten lässt sich das bei den politisch-militärischen Zielvorstellungen nachvollziehen: Afghanistan sollte kein Rückzugsgebiet für Terroristen sowie keine Produktionsstätte von und kein Handelsplatz für Drogen sein; die inneren Rivalitäten zwischen Warlords, Clans und ethnischen Gruppen sollten friedlich geregelt werden; die politische Führung des Landes sollte über demokratische Legitimation verfügen und wichtige Grund- und Menschenrechte (z. B. Frauenrechte) anerkennen und durchsetzen. Dass diese Zielvorstellungen, vorsichtig formuliert, nicht besonders realistisch waren, hinderte weder die UNO und die beteiligten Regierungen, noch die zahllosen gutwillig ins

Land geströmten Nichtregierungsorganisationen daran, sie immer wieder lautstark zu verkünden.

Für die Umsetzung der Aufbaupläne unter mal weniger, mal mehr erschwerten Bedingungen einigten sich die an der ISAF-Mission beteiligten Staaten auf ein theoretisch gut klingendes inklusives Konzept, das zivilen und militärischen Erfordernissen zugleich gerecht werden sollte. Die *Provincial Reconstruction Teams* (PRT) sollten in dem weiten Land als dynamische Stabilitätsinseln zusammen mit kooperationswilligen Einheimischen Sicherheit und wirtschaftlichen Aufschwung bewirken und in das jeweilige Umland ausstrahlen. Allerdings handelten die zeitweise von 17 Nationen unterhaltenen PRTs nach unterschiedlichen Vorgaben, die ihrerseits von ganz unterschiedlichen Erfahrungen und militärischen Kulturen geprägt waren. Ein in der Theorie überzeugendes Modell, aber in der Praxis wenig tauglich, in der Sicherheitspolitik nichts Ungewöhnliches.

Über die Gründe für das aus westlicher Sicht (und der vieler Menschen in Afghanistan) schmähliche Ende des Versuchs, mit politischen, wirtschaftlichen und militärischen Mitteln das Land zu einem selbstständigen, stabilen und (ansatzweise) demokratisch regierten Staat zu machen, gibt es bereits jetzt eine kaum zu überblickende Menge an Literatur, darunter auch Polemiken mit Schuldzuweisungen für die in irgendeiner Weise an den Vorgängen beteiligten Personen. Die Militärexperten David Kilcullen und Greg Mills haben eine lange Liste von Defiziten zusammengetragen, die in den ersten beiden Jahrzehnten des 21. Jahrhunderts die Intervention des Westens in Afghanistan kennzeichneten und in ihrer Summe ihr Scheitern bewirkten.

Ohne das militärische und politische Geschick der Taliban unterbewerten zu wollen, sehen sie die Unentschlossenheit, das Fehlen einer gemeinsamen Strategie und einen sei es auch gutwilligen Paternalismus als die entscheidenden Gründe an, die das Verhältnis zur afghanischen Bevölkerung immer schwieriger werden ließen. Die zunächst geschlagenen, dann aber wieder militärisch erstarkenden Taliban gewannen deshalb auch politisch mehr und mehr Unterstützung. Bald schon zeichnete sich ab, dass jene Afghaninnen und Afghanen, die mit den westlichen Organisationen zusammenarbeiteten (für viele von ihnen eine lukrative Beschäftigung) oder sich aktiv am Aufbau einer afghanischen Zivilgesellschaft beteiligten, nicht auf die Stabilität der Regierung in Kabul bauen konnten. Und wie sich im Sommer/Herbst 2021 zeigte, konnten sie sich auch nicht auf die Schutzzusagen westlicher Akteure verlassen.

In ihrem Resümee verweisen Kilcullen und Mills auf frühere Kriegserfahrungen westlicher und anderer Streitkräfte bei Einsätzen zur Niederschlagung von Volkserhebungen und Aufständen oder ihrem Eingreifen in Bürgerkriege. Ähnlich wie bei den US-Truppen in Vietnam (1965–1975), den britischen Truppen vor ihrem Rückzug aus Aden (1966) oder der Roten Armee in Afghanistan (1979–1989) bedeuten einzelne militärische Erfolge im Kampf gegen Aufständische wenig, wenn diese genügend Unterstützung in der Bevölkerung haben und sich wieder festigen können. Was in Afghanistan 2021 passierte, so die Autoren, sei weniger eine Niederlage der westlichen Truppen gewesen als vielmehr die Konsequenz von politischer Inkompetenz, Verrat und moralischem Kollaps.

Die Taliban

Der selbstkritische Blick zurück auf den Afghanistan-Krieg und den überstürzten Rückzug ausländischer Truppen aus dem Land ist selbstredend westlich zentriert und steht unter dem Vorzeichen, vor allem das Verhalten westlicher Akteure zu betrachten. Bei komplexen Sachverhalten, zu denen Gewaltkonflikte und Krieg zwischen Staaten und Organisationen mit unterschiedlichen kulturellen Grundmustern gehören, ist es allerdings unabdingbar, die Gegen- oder Gegner-Perspektive zu studieren, auch wenn die Verschiedenheit der Weltsicht und der Erfahrungen das eher erschwert.

Aus der Sichtweise der Taliban beweisen ihr rascher machtpolitischer Aufstieg seit 1994 und ihr erfolgreicher, sorgfältig vorbereiteter Wiederaufstieg 2005 bis 2021, nachdem sie 2002/03 kurzzeitig aus Afghanistan verdrängt worden waren, die sich auch gegen stärksten Widerstand durchsetzende Überlegenheit ihres Gotteskriegertums. Der Islam ist in Afghanistan weit verbreitet und hat auch eine Tradition als politische Kraft. Die Taliban haben sich in den 1990er Jahren als eine radikalislamistische Kampforganisation gebildet. Rekrutiert wurden ihre Kämpfer in Koranschulen Pakistans und im Paschtunen-Gebiet Afghanistans. Dort erhielten sie ihre ideologische Festigung als fanatische Islamisten mit strengen Grundsätzen. Allem Fremden, aber auch allen Abweichungen von ihrem Glauben gegenüber waren sie gewaltsam intolerant. Ihre ersten Kampferfahrungen sammelten sie im Krieg gegen die sowjetischen Besatzer, später dann, nach dem Rückzug der Sowjets aus Afghanistan, in dem blutigen und opferreichen Bürgerkrieg mit den Milizen der Warlords und kriminellen Banden. Ohne finanzielle Hilfe und Waffenlieferungen aus Pakistan und mehreren arabischen Staaten wären ihre militärischen Erfolge in diesem Bürgerkrieg längst nicht so spektakulär ausgefallen. Doch schon im Herbst 1996 hatten sie sich an die Schalthebel der Macht in Kabul gekämpft.

Das von ihnen gegründete Islamische Emirat Afghanistan verfolgte einen repressiven Kurs gegen die eigene (besonders die städtische) Bevölkerung, vor allem auch gegen religiöse Minderheiten. Der Taliban-Anführer Mullah Omar gewährte dem international gesuchten Osama bin Laden und seinen al-Qaida-Terroristen Gastfreundschaft. Nach den Anschlägen vom 11. September 2001 weigerte sich das Regime, Osama bin Laden an die USA oder Pakistan auszuliefern. Das löste die militärische Intervention amerikanischer und britischer Spezialtruppen aus, die mithilfe mehrerer afghanischer Warlords und anderer Taliban-Gegner das Regime Omar Mullahs schon im Oktober 2001 stürzen konnten. Die Taliban-Kämpfer flohen über die Grenze nach Pakistan, ebenso Osama bin Laden. Dort und in den verstreuten Dörfern im Süden des Landes konnten sie sich wieder neu formieren und eine Art Untergrundkrieg gegen die ausländischen Truppen und die Institutionen der gewählten afghanischen Regierung beginnen.

Langjährige Beobachter der Taliban wie Ahmed Rashid konstatieren eine Reihe von Unterschieden zwischen den Taliban der 1990er Jahre und den 2021 erneut an die Macht gelangten Gotteskriegern, auch mehrere ideologische und organisatorische Risse, die nur mit einiger Mühe gekittet wurden. Durchgesetzt haben sich die Hardliner der Gruppierung, die jahrelangen Untergrundkämpfer, die nicht bereit sind, Kompromisse für ein moderneres Afghanistan einzugehen. Die Leidtragenden sind die städtische Bevölkerung und insbesondere die Frauen, denen der Zugang zu Bildung und einem eigenverantwortlichen Leben inzwischen so gut wie unmöglich gemacht wird.

Taktik und Strategie der Taliban

Die Zeit allgemein vorherrschenden Einvernehmens zwischen den westlichen Truppen und der afghanischen Bevölkerung währte nur kurz. Beliebt waren die Taliban und ihr fundamentalistisch-islamisches Regierungskonzept zwischen 1996 und 2001 kaum gewesen, aber die mit tatkräftiger Unterstützung der USA und anderer westlicher Staaten eingesetzte Nachfolgeregierung unter Präsident Hamid Karzai besaß im Land außerhalb der Hauptstadt wenig Autorität. Karzais »falscher Zentralismus« zerstörte das Verhältnis zwischen Kabul und den Provinzen. Auch fehlte ihm Durchsetzungsfähigkeit, zumal die entscheidenden Instrumente und Institutionen staatlicher Macht (Streitkräfte, Polizei, Verwaltung) nicht handlungsfähig waren.

Von den staatlichen und nichtstaatlichen Interventionsakteuren gab es indes zahlreiche und weitreichende Versprechungen bezüglich des Wiederaufbaus des Landes. Ihnen folgten zwar auch Taten, aber viel zu wenige. Bald war die Atmosphäre in Afghanistan von politischen Enttäuschungen und wirtschaftlichen Problemen geprägt. Die anhaltende Gewalt der verschiedenen, untereinander konkurrierenden Warlords und die steigende Zahl ziviler Opfer der weiterverfolgten Jagd auf Terroristen (echte und vermeintliche) trugen zur Zuspitzung der Situation bei. Die Zeit nach 2001 nutzten die Taliban in ihren Rückzugsräumen im Süden von Afghanistan und vor allem jenseits der Grenze in Pakistan, um sich, teils mit ausländischer Hilfe, neu zu formieren. Fünf Jahre später betraten sie die politische Bühne erneut, jetzt zunächst als Aufstandsbewegung in den ländlichen Provinzen. Ihr erstes Ziel war dabei die Rückgewinnung der Kontrolle über möglichst viele ländliche Gebiete. Danach sollten ganze Provinzen und ihre Verwaltungszentren und schließlich die Hauptstadt Kabul erobert werden.

Ab 2006 kam es zu einem rapiden Anstieg der Zahl von Anschlägen aus dem Hinterhalt, aber auch von offenen Gefechten mit den schwachen ISAF-Truppen. Schwerpunkte waren zunächst die südlichen Provinzen Kandahar und Helmand. Für die Anschläge wurden leicht herstellbare Sprengsätze verwendet, die auf den Routen der Patrouillen westlicher Truppen so platziert wurden, dass einzelne ihrer Fahrzeuge zerstört und deren Insassen getötet oder schwer verletzt wurden. ISAF-Soldaten fürchteten solche *Improvised Explosive Devices* (IED). Zudem stieg seit 2006 die Zahl der bis dahin im Land unbekannten Selbstmordattentate auf ausländische Truppen oder Vertreter der afghanischen Regierung. Das darauf folgende laute Medienecho verstärkte noch ihre Wirkung.

Die Gefechte im Gelände liefen in der Regel nach dem *Hit-and-run*-Muster ab. Dem Beschuss einer Polizeistation, eines Dorfes oder einer ISAF-Patrouille mittels leicht transportierbarer ungelenkter Raketen oder Mörser folgte ein Überfall mit Maschinenpistolen und Gewehren. Konnten die Angegriffenen rasch Verstärkung herbeirufen, zogen sich die Angreifer auf ihren Motorrädern und Pick-up-Kleinlastwagen schnell zurück, nur um gegebenenfalls nach kurzer Zeit zurückzukommen. Die Aufständischen spielten gewissermaßen Katz und Maus mit den westlichen Truppen – vor den Augen der ländlichen Bevölkerung, die schnell merkte, wer hier auf Dauer die Oberhand behielt.

Methoden der Aufstandsbekämpfung

Weil die Versprechungen der westlichen Interventionsakteure zum größten Teil unerfüllt blieben und das Ausmaß an Korruption und Misswirtschaft bei der Regierung in Kabul und den internationalen Agenturen und Organisationen in ihrem Umkreis unübersehbar war, gewannen die Taliban wieder höhere Zustimmung. Mit Druck und mit Gefälligkeiten für die Landbevölkerung bauten sie diese Zustimmung weiter aus. Auch der Islam spielte dabei eine Rolle, ging es doch um die Abgrenzung von Ungläubigen und von denen, die sich ihnen andienten.

Im Frühjahr 2003 stand der militärische Sieg der US-Truppen und ihrer Verbündeten mit dem Sturz des Regimes Saddam Husseins im Irak scheinbar unverrückbar fest. Das sollte sich jedoch als fataler Irrtum erweisen, denn sofort begannen innerirakische gewaltsame Auseinandersetzungen und ein Aufstand gegen die ausländischen Truppen, die noch etliche Jahre im Land verblieben und ihren vermeintlichen Sieg zerbröckeln sahen. Mit Aufstandsbewegungen und Guerillataktik waren die US-Truppen zuletzt im Vietnamkrieg konfrontiert gewesen. Der lag schon mehr als 30 Jahre zurück. Damals hatten die amerikanischen Streitkräfte unter Rückgriff auf entsprechende Erfahrungen anderer Nationen wie Großbritannien und Frankreich in den Entkolonialisierungskriegen eine Reihe von Ansätzen zur Bekämpfung von Aufständen entwickelt, die aber insgesamt nicht sonderlich erfolgreich waren. Jetzt, zu Beginn des 21. Jahrhunderts, griff die militärische Führung der USA diese Ansätze erneut auf, im Irak seit 2003 und in Afghanistan seit der Rückkehr der Taliban 2006.

Die einzelnen Schritte dieser Akzentverschiebung bei Kämpfen inmitten der zivilen Bevölkerung gegen gut getarnte Aufständische beschreibt das seinerzeit berühmt gewordene *Counterinsurgency Field (COIN) Manual* der US-Army und des Marine Corps. Das moralisch-strategische Ziel war es, »die Herzen und Köpfe der einheimischen Bevölkerung zu gewinnen«. Die angestrebte Koppelung von militärischem Vorgehen (gegen die Taliban) und gleichzeitigem Schutz der zivilen Bevölkerung vor Militäraktionen des Gegners erwies sich als überambitioniertes Vorhaben; als »Kollateralschäden« verstandene Nebenwirkungen der eigenen Militäraktionen sollten unbedingt vermieden werden. Es hätte dazu aber erheblich mehr Präsenz der ISAF-Truppen außerhalb ihrer Militärcamps gebraucht, mehr und engere Kontakte zur Bevölkerung, um sie von den Taliban isolieren zu können, und regelmäßige Patrouillen in der Fläche, um die weiter auf- und auszubauenden Außenposten wirksam sichern zu können.

Schwierige Gratwanderung zwischen dem Schutz der Zivilbevölkerung und der Bekämpfung des Gegners: Bundeswehrsoldat in Kundus, 2004

In der Theorie waren die intellektuellen Anstrengungen der militärischen und zivilen COIN-Verfechter zur Formulierung einer neuen Doktrin für das Vorgehen im Irak und in Afghanistan durchaus eindrucksvoll. In der Praxis funktionierte die Doktrin dennoch nicht. Erstens ließen sich die kulturellen Differenzen und unterschiedlichen Weltsichten der einheimischen Bevölkerung und der westlichen Truppen nur schwer, eigentlich kaum jemals überbrücken. Zweitens hätte ein Vorgehen nach COIN in Afghanistan eine beträchtliche Aufstockung der Streitkräfte vorausgesetzt, denn nur so wäre mehr Präsenz in dem großen Land erreichbar gewesen. Von einer Truppenverstärkung war aber niemals die Rede. Drittens lässt sich die gewachsene militärische Kultur von Streitkräften nicht in kürzester Zeit umstellen. Und viertens schließlich fehlte der politische Wille in Washington, schon unter Präsident Obama, dann noch viel deutlicher bei Präsident Trump, für den im eigenen Land nicht gerade populären Krieg in Afghanistan weitere materielle und personelle Ressourcen zur Verfügung zu stellen. Die übrigen Länder der ISAF-Beteiligung entwickelten rasch ein Gespür für die amerikanische Zurückhaltung und zögerten nicht, sie zu übernehmen.

Die internationale Dimension

So gut wie jeder lokale Krieg hat im 21. Jahrhundert immer auch eine internationale Dimension. Anders gesagt: Es gibt in der über Kommunikationskanäle, Mobilität und politische, wirtschaftliche und kulturelle (z. B. ethnische oder religiöse) Interessen verflochtenen Welt der Gegenwart immer Akteure, die an Konflikten in anderen Ländern ein besonderes Interesse haben – ihrem Aufflackern, ihrem Vor-sich-hin-Köcheln oder dem Sieg der einen oder anderen Konfliktpartei.

Der in den Jahren 2005/06 für den Westen überraschende militärische und politische Wiederaufstieg der Taliban als Aufstandsbewegung in Afghanistan wäre ohne gezielte ausländische Hilfe nicht möglich gewesen. Solche

Unterstützung gab es vor allem aus Pakistan, mit dem Afghanistan eine circa 2000 Kilometer lange, vielfach unzugängliche Grenze hat. Weiterhin wurden die Taliban aus religiös-ideologischem Interesse heraus von Ländern unterstützt, deren Regierungen sich der Ausbreitung des Islam verschrieben haben.

Die Taliban sind nicht ausschließlich ein Produkt pakistanischer Islamschulen, aber doch zu einem gewichtigen Teil. Nachdem das Regime von Mullah Omar Ende 2001 aus Afghanistan vertrieben worden war und sich die Taliban und auch ihre »Gäste«, die al-Qaida-Terroristen, nach Pakistan zurückgezogen hatten, galten ihnen die Provinzen Waziristan und die hauptsächlich von Paschtunen besiedelten Stammesgebiete dort als ein »sicherer Hafen« (*Safe Haven*). Dem pakistanischen Militär, ein entscheidender Machtfaktor im Land, und besonders dem pakistanischen Geheimdienst ISI war nicht unbedingt am Wohlergehen der Taliban gelegen. Ihr Interesse galt jedoch der andauernden Schwäche der vom Westen unterhaltenen Regierung in Kabul. Sie befürchteten nämlich, dass ein stärker und selbstbewusster auftretendes Afghanistan seine Beziehungen zu Indien ausbauen könnte, dem Erzfeind Pakistans. Zwischen Indien und Pakistan schwelt seit Jahrzehnten der Konflikt um Kaschmir, das beide für sich beanspruchen. Pakistan war und ist ein politisch instabiler Staat, verfügt indes über Atomwaffen. Diese brisante Kombination hat die USA und andere westliche Länder der ISAF-Koalition davon abgehalten, dem Doppelspiel ihres »Verbündeten« in Islamabad ein Ende zu bereiten. Zu diesem Doppelspiel gehörte im Übrigen auch, dass die pakistanische Regierung die Spezialoperation der US-Navy Seals in Abbottabad, mit der sie Osama bin Laden Anfang Mai 2011 töteten, nur halbherzig verurteilte. Nach der Machtübernahme der Taliban in Afghanistan zehn Jahre später geht dieses Doppelspiel weiter, denn nach wie vor ist Pakistan eher an einem geschwächten Afghanistan interessiert.

Unterschiedliche Geldgeber aus der islamischen Welt haben den Taliban geholfen, ihre Kämpfer und die komplexe Organisation zu finanzieren. Private und staatliche Gelder kamen aus Saudi-Arabien, dem Iran oder Katar. Unterstützt werden sollte damit der dschihadistische Kampf gegen westliche Truppen in Afghanistan und gegen jene afghanischen Personen und Organisationen, die mit ihnen zusammenarbeiteten. Jedoch sind auch innerislamistische Konkurrenzen weitergeführt worden. So zählt ein Ableger des arabischen Islamischen Staat, der Islamische Staat (Khorasan), zu den fanatischen Gegnern der Taliban. Seit etwa 2015 operiert der IS (K) in Afghanistan und führt Anschläge und Attentate gegen die Taliban durch. Auch nach 2021 haben sich diese Aktivitäten fortgesetzt.

Seit Generationen ist Afghanistan ein geschundenes Land. Gewiss finden in manchen ländlichen Gegenden heute keine Kämpfe mehr statt. Auch werden Erfolge der Taliban bei der Eindämmung des Drogenanbaus und der Korruption gemeldet. In einigen Städten konnten die Taliban mit militärischer Gewalt alle Ansätze oppositionellen Verhaltens unterdrücken. Doch die Lenkung und Organisierung des Staates bereitet den Taliban nach wie vor große Schwierigkeiten. Insgesamt ist die Lage des Landes trostlos.

Russlands Kriege

Wladimir Putin (Jahrgang 1952) war von August 1999 bis Mai 2000 der von Präsident Jelzin eingesetzte Ministerpräsident Russlands. Ende 1999 legte Jelzin sein Amt nieder. Putin übernahm es danach zunächst interimistisch, dann als gewählter Präsident. Nach der damals geltenden Verfassung konnte er den Posten über 2008 hinaus nicht länger innehaben. So wurde er von 2008 bis 2012 Ministerpräsident unter seinem Nachfolger Medwedew, der ihm seinen Führungsanspruch nicht streitig machte. 2012 durfte Putin verfassungsgemäß wieder Präsident werden. Das ist er – nach einer Änderung der Verfassung, die das erlaubte – bis zum heutigen Tag geblieben. Die ungewöhnliche Machtfülle und die äußerst schwach ausgebildeten und im Lauf der Jahre weiter geschwächten politischen Kontrollmechanismen für die präsidentielle Politik zeigen an, dass Russlands Politik im gesamten bisherigen 21. Jahrhundert Putins Politik ist. Ergo sind Russlands Kriege Putins Kriege.

In einer viel zitierten Rede zur Lage der Nation vor der Duma aus dem Jahr 2005 bezeichnete Putin die Auflösung der Sowjetunion als »die größte geopolitische Katastrophe

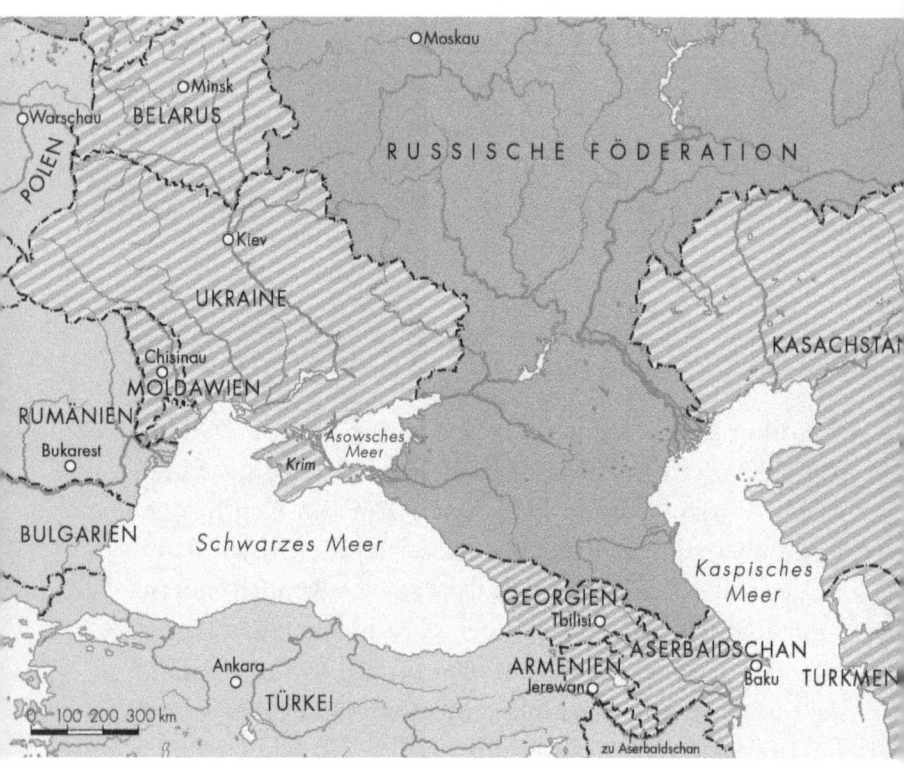

Traum vom alten Sowjetimperium: Die Russische Föderation und die übrigen Nachfolgestaaten der Sowjetunion

des 20. Jahrhunderts«. Das ist vermutlich der Schlüssel zu seiner revisionistischen Politik, die darauf abzielt, die Weltgeltung Russlands wiederherzustellen. Dazu sollen möglichst viele Staaten, die vor 1991 Teil der Sowjetunion waren und dann unabhängig wurden, entweder unter hegemoniale Kuratel gestellt oder sogar wieder zu vom Kreml regierten Territorien gemacht werden. Die russische Bevölkerung hatte in den 1990er Jahren mit den schwerwiegenden Auswirkungen der wirtschaftlichen Transformation von einer (schlecht funktionierenden) Zentralverwaltungswirtschaft zu einem (ebenfalls schlecht funktionierenden) oligarchisch strukturierten Kapitalismus zu kämpfen. Zugleich hatten es die Streitkräfte und die sicherheitspolitischen Eliten des Landes mit gewaltsamen Auseinandersetzungen im Innern und in etlichen der über 20 angrenzenden Nachbarstaaten zu tun. Die Nachbarschaft zu großen asiatischen Mächten (China, Japan) im Osten, die Aussicht auf die Erweiterung der NATO um ehemalige Verbündete des Warschauer Paktes an der Westgrenze und die Furcht vor einem Vordringen muslimischer Kräfte im Süden verbanden sich zu der Vorstellung, Russland könnte bald von Gegnern eingekreist sein.

Viele dem russischen Selbstverständnis, das heißt Putin und seinem regierenden Zirkel zugeneigte Beobachter im Westen ziehen daraus den Schluss, dass Putins Kriege mit einer anderen Russlandpolitik der USA und der Europäischen Union hätten vermieden werden können, ja dass die seit 1991 eingeschlagene Russlandpolitik des Westens an der Kriegspolitik Putins die Schuld trage. Der Westen habe ihn in die Enge treiben wollen, aus der ihm kein anderer Ausweg blieb, als zu den Waffen zu greifen. Nun ist sicher unstrittig, dass manche Züge der amerikanischen und europäischen Russlandpolitik nach 1991 auf falschen Prämissen und Kalkülen beruhten. Man kann die sicherheitspolitischen Befürchtungen im Kreml durchaus ansatzweise nachvollziehen. Die realpolitischen Schachzüge von Putins Politik aber, etwa gegenüber der Türkei oder im Nahen Osten, stehen ganz in der Tradition sowjetischer Großmachtpolitik. Die Verantwortung für Putins Kriege kann nicht auf die »objektive« Weltlage, auf die Politik des Westens oder auf andere Akteure und Instanzen abgewälzt werden. Sie lastet allein auf ihm selbst und denjenigen, die wie sein langjähriger Ministerpräsident (2012–2020) und Gefolgsmann Dmitri Medwedew seine Entscheidungen nach innen und außen mittragen.

Die Tschetschenien-Kriege

Die etwas mehr als drei Jahrzehnte, die Russland als gewichtigster Nachfolgestaat der Sowjetunion existiert, sind allesamt von gewaltsamen Auseinandersetzungen und Kriegen mit Beteiligung des Kreml geprägt. Die meisten davon fanden und finden innerhalb des Territoriums der ehemaligen Sowjetunion statt. Ihr Hauptantriebsmoment ist auf der einen Seite das Unabhängigkeitsstreben ehemaliger Sowjetrepubliken, die sich aus der Russischen Föderation herauslösen wollen oder schon herausgelöst haben, und auf der anderen Seite die Absicht der russischen Staatsführung, weiteres Unabhängigkeitsstreben zu verhindern und, wenn möglich, bereits unabhängig gewordene ex-sowjetische Staaten wieder in die Föderation einzugliedern oder sie zumindest unter die politische Kontrolle Moskaus zu bringen.

Eine erste Konfrontation dieser Art war der aus dem Konflikt um Transnistrien entstandene Krieg im Frühjahr und Sommer 1992. Er ist nach den damaligen Gefechten gewissermaßen auf Eis gelegt worden. Aber er kann, was insbesondere im Zusammenhang mit dem Überfall auf die Ukraine deutlich geworden ist, jederzeit erneut eskalieren.

Als direkte Gegner stehen sich die 1991 aus der Sowjetunion ausgeschiedene Republik Moldau und die selbsternannte Transnistrische Republik gegenüber, deren Führung ursprünglich den Verbleib in der Sowjetunion proklamierte und nach deren Ende weiterhin enge Verbindungen zu Russland unterhält.

Weitaus brisanter war der Konflikt um die Ende 1991 proklamierte Unabhängigkeit Tschetscheniens. Sie wurde von Moskau zu keinem Zeitpunkt akzeptiert, wobei geopolitische Überlegungen ebenso eine Rolle spielten wie die Furcht vor einem Vordringen des militanten Islam in der Region. Zwischen 1994 und 1996 kam es zum ersten der von allen Seiten äußerst brutal ausgefochtenen Tschetschenien-Kriege mit hohen Opferzahlen und nachhaltigen Zerstörungen der Infrastruktur. Im August 1996 konnte ein Waffenstillstand vereinbart werden. Damit setzte jedoch nicht der friedliche Wiederaufbau Tschetscheniens ein. Stattdessen radikalisierten sich, unter tätiger Mithilfe vom Ausland finanzierter islamistischer Gruppen, Teile der tschetschenischen Gesellschaft und strebten ein nordkaukasisches Kalifat an. Tschetschenien entwickelte sich zu einem Operationsgebiet für islamistische Milizen, die russische Nachbarrepubliken überfielen und mit spektakulären Terroraktionen in Moskau und anderen russischen Städten auf sich aufmerksam machten.

So begann am 1. Oktober 1999 der nächste Tschetschenien-Krieg – der erste von Putins Kriegen. Schon damals wurde vermieden, den Krieg als solchen zu bezeichnen; vielmehr hieß er in der offiziellen russischen Terminologie »Anti-Terror-Operation«. Zehn Jahre lang kam es zu heftigsten Kämpfen: massiven Artillerie- und Bombenattacken seitens der russischen Streitkräfte, Terrorübergriffen und Selbstmordattentaten seitens der tschetschenischen Aufständischen. Keiner der Beteiligten nahm Rücksicht auf die Zivilbevölkerung. Menschenrechtsverletzungen waren an der Tagesordnung. Der damalige russische Präsident Medwedew verkündete im April 2009, der »Krieg gegen die tschetschenischen Terroristen« sei siegreich beendet und Tschetschenien eine unbestrittene regionale Einheit innerhalb der Russischen Föderation. Zur Ruhe gekommen ist das Land, ist die gesamte Kaukasusregion aber bis heute nicht.

Der Krieg mit Georgien

Schon vor dem offiziellen Ende des zweiten Tschetschenien-Kriegs begann am 8. August 2008 der sogenannte Fünf-Tage-Krieg zwischen Russland und Georgien. Die Konfliktlage bei Kriegsbeginn ist kompliziert; aber letztlich ging es auch hier um die Frage, ob das post-sowjetische Georgien einen politischen Weg heraus aus der Einflusszone Russlands einschlagen können oder ob die Selbstständigkeit des Landes weiter im Schatten russischer Dominanz verbleiben würde.

Aus dem Zerfall der Sowjetunion erwuchsen für Georgien zwei das Land schwächende Entwicklungen, nämlich erstens die Eigenstaatlichkeit und zweitens ein drastischer Verarmungsschub der Bevölkerung. Die Transformation der bis 1991 zur Sowjetunion gehörenden Staaten und Gesellschaften führte nur ausnahmsweise (wie in den baltischen Staaten) zu demokratischen Strukturen – anders als das im Westen vielfach erwartet oder zumindest erhofft worden war. Tatsächlich entwickelten sich aus ihr zunächst vor allem innenpolitische Turbulenzen. In manchen Staaten, von Belarus und Aserbaidschan bis zu den zentralasiatischen Ländern Kasachstan, Turkmenistan, Usbekistan, Kirgistan und Tadschikistan, wurden diese Turbulenzen zwar überwunden, aber um den Preis, dass die jeweiligen Machthaber, in der Regel schon in der sowjetischen Zeit regierende lokale und regionale Marionettenregierungschefs, sich nun als Diktatoren etablierten. Die sowjetische Repression wurde in eine nicht minder wirksame, manchmal sogar noch wirksamere post-sowjetische Repression übergeleitet. Demokratiebewegungen, wenn es sie überhaupt gab, hatten in diesen Ländern nie echte Chancen. Zuletzt war das in Belarus zu beobachten: Die eindrucksvollen Massenproteste anlässlich massiver Wahlfälschungen bei den Präsidentschaftswahlen im August 2020 und den folgenden Monaten wurden von Präsident Lukaschenko mit polizeistaatlichen Mitteln unterdrückt. Die Riege der post-sowjetischen Diktatoren hat die Konflikte in ihren Ländern unter Einsatz von Gewalt allerdings nur oberflächlich beruhigt.

Anders in Georgien. Die dort aufeinander folgenden Präsidenten konnten den Staat nicht wirklich regieren und seine angeschlagene Wirtschaft nicht auf Kurs bringen. Es herrschten teils chaotische Verhältnisse: Korruption, innenpolitische Unsicherheit und Bandenkriminalität. Während die alten sowjetischen Eliten sich wieder an Russland und seinem durchaus tatkräftigen Präsidenten Putin zu orientieren begannen, verfolgten andere politische Strömungen eine

Annäherung an die USA und die Europäische Union. Schon seit 1999 ist Georgien Mitglied des Europarats, dem übrigens auch Russland bis 2022 angehört hat. Seit 2009 haben sich die institutionellen Verbindungen mit der Europäischen Union vertieft. So trat 2016 das Abkommen über die *EU-Georgia Deep and Comprehensive Free Trade Area* (DCFTA) in Kraft. In Georgien debattierte Überlegungen über eine NATO-Mitgliedschaft des Landes haben zwar keine Realisierungschancen, wirkten aber für Vertreter großrussischer Interessen in Moskau sicher alarmierend.

Georgien, ein Staat mit überwiegend (und weit zurückreichenden) christlichen Traditionen, ist Teil der Kaukasusregion und wurde zumindest indirekt in die Konflikte zwischen Russland und dem islamischen Tschetschenien (sowie Dagestan und Inguschetien) hineingezogen, drei Länder mit überwiegend islamischer Bevölkerung. Im Norden Georgiens liegt das nicht leicht zugängliche Pankisi-Tal. Es galt lange als Rückzugsgebiet islamistischer Kämpfer. Das behauptete jedenfalls die russische Regierung, wohl nicht ohne Gründe, wenn auch übertreibend. Der Konflikt um das Pankisi-Tal fiel allerdings längst nicht so sehr ins Gewicht wie die Probleme mit den abtrünnigen Regionen Abchasien und Südossetien. Ein drittes Gebiet, Adscharien, hat sich nach etlichem Hin und Her wieder lose in den georgischen Staat eingegliedert. Der Kreml hat nur zu gern die Patenschaft über die beiden abtrünnigen de-facto-Regime übernommen und sie völkerrechtlich anerkannt.

Über Jahre gab es immer wieder gegenseitige Provokationen. Der kurze und mit einer deutlichen Niederlage Georgiens endende Krieg im August 2008 wurde mit einem

Angriff Georgiens auf Südossetien begonnen. Der damalige georgische Präsident Saakaschwili wollte die abgespaltene Region zurückerobern, wobei er die Lage gleich in mehrfacher Hinsicht falsch beurteilte. Er überschätzte die eigenen Streitkräfte, unterschätzte den Willen Russlands zu einem nachdrücklichen militärischen Eingreifen und machte sich Illusionen über die Möglichkeiten westlicher Staaten, in diesem Konflikt Georgien mit mehr als nur Floskeln zur Seite zu stehen. Nach fünf Tagen war die Niederlage Georgiens unabwendbar. Die Kontrahenten einigten sich unter Mithilfe der Europäischen Union auf einen Sechs-Punkte-Plan zur Entschärfung des Konflikts. Viel entschärft wurde dabei nicht. Südossetien und Abchasien konsolidierten jedoch ihren von Russland gestützten Status als »unabhängige« Staaten. Russland hatte Georgien in die Knie gezwungen und die dortigen prorussischen Kräfte gestärkt.

Annexion der Krim und der Krieg im Donbas

Die Kaukasus-Kriege in Tschetschenien und Georgien galten seinerzeit vielen Beobachtern als weitgehend interne russische Angelegenheit oder als Regionalpolitik zur Sicherung des näheren Umfeldes oder *near abroad*. Das ist richtig. Aber sie waren darüber hinaus auch Bausteine einer sich herauskristallisierenden russischen Strategie, in deren Rahmen die wirtschaftlichen und sicherheitspolitischen Kooperationen mit dem Westen allenfalls für eine Übergangszeit als sinnvoll und nützlich bewertet wurden. An deren Ende sollte der eigene (Wieder-)Aufstieg als den Westen herausfordernde Weltordnungsmacht stehen. Der Krieg mit Georgien und die relative Leichtigkeit, mit der die auf den Westen gerichteten Erwartungen der Regierung in Tiflis und die westlichen Annäherungsversuche an Georgien überwunden werden konnten, bestärkten die russische Wahrnehmung der Politik westlicher Staaten als widersprüchlich und kraftlos.

Die nächste große Militäraktion Putins richtete sich gegen die Ukraine. Vor dem Hintergrund einer sich über Monate hinziehenden Protestwelle gegen den ukrainischen Präsidenten Janukowytsch, die mit dessen Flucht nach Russland endete, und der auf den Westen gerichteten Hoffnungen der »Maidan-Revolutionäre« in Kiew beschloss Putin die handstreichartige Annexion der Krim. Das war im Februar 2014. Auf den ersten Blick überrascht der umstandslose Erfolg Russlands, waren doch auf der Krim mehr als 20 000 ukrainische Soldaten, meist Angehörige der Marine, stationiert. Die russische Vorgehensweise war eine Kombination von genuin militärischen Maßnahmen (heimliche Erhöhung der Kampfbereitschaft, Bereitstellung von Spezialkräften, Lufttransport von Soldaten aus Russland zu den eigenen Militärbasen auf der Krim) und »zivilen« Aktionen wie Desinformation, Propaganda und Cyberattacken. Entscheidend für den Erfolg war schließlich der Einsatz der »kleinen grünen Männer«, russischen Soldaten ohne Uniformen und Hoheitszeichen.

Das ukrainische Militär auf der Krim war unvorbereitet und deshalb nicht handlungsfähig; auch fehlten seinen Führern klare Anweisungen aus Kiew. Binnen weniger Wochen wurden so Tatsachen geschaffen. Am 21. März 2014 wurde die Krim in Moskau offiziell zu einem Teil Russlands erklärt. Wichtig für das politische Schicksal Putins war neben diesem territorialen Gewinn zweierlei. Erstens die außerordentliche patriotische Aufwallung in der russischen Bevölkerung. Und zweitens die weitgehende Passivität westlicher Staaten, die zwar auf Einstellung der Kriegshandlungen drängten und Putins verdeckte Vorgehensweise, das Einschleusen nicht identifizierbarer Kämpfer auf die Krim, durchschauten. Aber ansonsten blieb es bei vielleicht unbequemen, aber nicht tief einschneidenden Sanktionen gegen Russland. Dass der Annexion die völkerrechtliche Anerkennung der meisten Staaten vorenthalten blieb, kümmerte die russische Führung nicht. Die wirtschaftliche Zusammenarbeit mit westlichen Staaten konnte weitgehend ungehindert fortgesetzt werden. Deutschland beispielsweise entwickelte das Projekt einer zweiten Erdgaspipeline durch die Ostsee (Nord Stream 2) unverdrossen weiter und hätte es beinahe auch vollendet. Unter dem Eindruck des russischen Überfalls auf die Ukraine wurde es 2022 ungern eingestellt.

Unter rein militärischen Gesichtspunkten war der verdeckte russische Angriff außerordentlich erfolgreich, außerdem politisch gekonnt instrumentiert. Putin mag daraus den Schluss gezogen haben, dass der Zeitpunkt für weitere verdeckte oder halb verdeckte Operationen gegen die Ukraine gekommen war, wiederum mit dem beschriebenen Mittel gemischter militärischer und ziviler Aktionen, politisch verbrämt als Befreiungsversuch der von Kiew unterdrückten russischsprachigen Minderheit im Donbas. Man kann darüber streiten, ob der im Frühjahr 2014 beginnende Donbas-Krieg gewissermaßen das Mittelstück eines dreiteiligen Masterplans zur Eroberung der gesamten Ukraine darstellt. Es gibt Anzeichen dafür, dass die Erfolge der in der Tat kühl und kompetent geplanten Annexion der Krim die Verantwortlichen in Moskau zu einer Art großrussischen Hybris verführt haben. Vielleicht wurde sie durch den eigenartigen Verlauf oder eigentlich Nicht-Verlauf des Kriegs in den östlichen Landesteilen der Ukraine noch verstärkt. Denn obgleich das Verhältnis zwischen diesen politisch und kulturell eher auf Russland bezogenen östlichen Gebieten und der übrigen Ukraine schwierig war, machten sezessionistische Kräfte im Donbas doch nur eine Minderheit aus.

Nach der russischen Eroberung der Krim begannen hier jedoch Kämpfe, deren Protagonisten oft auf eigene Faust handelten: irreguläre Kleinmilizen, paramilitärische Gruppen und Spontan-Söldner mit eigenen Agenden. Die Regierung in Kiew bot dabei nicht unbedingt das Bild einer überlegt und überlegen handelnden innenpolitischen Ordnungsmacht. Die im Mai 2014 unter russischer Regie gegründeten separatistischen Volksrepubliken Luhansk und Donezk blieben von Anfang an und bis heute instabile Gebilde. Für den Kreml sollten sie ein russisches Eingreifen legitimieren. Damit verwandelte sich der Krieg im Donbas zu einer Mischung aus Bürgerkrieg und Stellvertreterkrieg zwischen den Streitkräften der Ukraine und den Separatisten, die militärisch durch russisches Führungspersonal und Soldaten verstärkt wurden. Die Regeln des Kriegsvölkerrechts blieben bei den erbitterten Kämpfen weitgehend außer Acht. Dieser Krieg dauerte über mehrere Jahre an.

Den internationalen diplomatischen Versuchen zu seiner Eindämmung blieben Erfolge versagt. Die beiden Minsker Abkommen von 2014 und 2015, unterschrieben von Russland und der Ukraine sowie von Frankreich und Deutschland, hatten kaum Auswirkungen auf das Kriegsverhalten der Beteiligten. Die Einsätze der Organisation für Sicherheit und Zusammenarbeit in Europa (OSZE) als Beobachtungs- und Überwachungsagentur für Waffenstillstände und interimistisch festgelegte Demarkationslinien zeigten einmal mehr deren Kraft- und Hilfslosigkeit auf.

Der britische Autor Mark Galeotti betont in seiner Analyse des russischen Vorgehens im Donbas-Krieg, dass hier trotz vieler neuer Elemente doch zu entscheidenden Teilen konventionelle, das heißt lange bekannte und vielfach erprobte Mittel und Taktiken zum Einsatz kamen: Artillerie, Scharfschützen, gepanzerte Fahrzeuge, Maschinengewehre. Die Kampfzonen erinnerten stark an Bilder vom Ersten Weltkrieg. Allerdings wurden sie immer begleitet von neuen Kampfmethoden zur Schwächung des Gegners: Cyberattacken, elektronische Störungen, Propaganda über das Internet, wirtschaftlicher und politischer Druck. Der russische Donbas-Krieg machte deutlich, wie wichtig der *Information Warfare,* die Lancierung von einseitigen oder falschen Informationen ist – zur Irritation des Gegners und ausländischer Beobachter und zur Festigung der geschönten Wahrnehmungen in der eigenen Gesellschaft, vor allem, wenn Meinungsvielfalt unterdrückt ist und regierungskritische Äußerungen bestraft werden. Dass die Berichte über das Kriegsgeschehen und einzelne Ereignisse unglaubwürdig oder offensichtlich unwahr waren, machte keinen Unterschied. Schlagartig wurde das am 17. Juli 2014 deutlich, als ein Passagierflugzeug der Malaysia Airlines mit fast 300 Menschen an Bord über dem Donbas abgeschossen wurde. Die russische Propaganda setzte unverzüglich ganze Serien von substanzlosen »Erklärungen« mit Schuldzuweisungen an Kiew in die Welt. Sie wollte damit den wahren Sachverhalt verdecken, nämlich dass es sich um eine russische Rakete gehandelt hatte, die von sezessionistischen Milizen abgeschossen worden war.

Die Zwischenbilanz am Ende des Jahres 2021 war katastrophal: mehr als 14 000 Tote und fast zwei Millionen Binnenflüchtlinge. Die vormals wirtschaftlich vergleichsweise gut entwickelte Donbas-Region ist zu großen Teilen ruiniert. Aber seine eigentlichen Ziele verfehlte Putin auf spektakuläre Weise dennoch. Zwar kam der Donbas-Krieg die Ukraine enorm teuer. Doch statt die Stabilität der Regierung in Kiew zu untergraben und die ukrainische Gesellschaft zu spalten, nahm die Entwicklung die entgegengesetzte Richtung. Deshalb begann Putin 2021 den Druck auf die Ukraine massiv zu erhöhen, sowohl diplomatisch-rhetorisch als auch durch die Massierung militärischer Einheiten an den ukrainischen Grenzen.

In Syrien und Afrika

Der Zusammenbruch der Sowjetunion befeuerte nicht nur Turbulenzen innerhalb der Russischen Föderation und zwischen dieser und einigen unabhängig gewordenen Nachbarstaaten. Russland blieb zwar weiterhin eine führende

Nuklearmacht (wohingegen die Ukraine die auf ihrem Territorium stationierten sowjetischen Atomwaffen Russland überließ) und behielt seine herausgehobene Stellung als eine von fünf Veto-Mächten im Sicherheitsrat der UNO. Aber sein internationaler Status als Weltmacht war erst einmal dahin, wie nicht zuletzt die Regierungen in Washington durch ihr Verhalten deutlich machten, indem sie Russland und seine Repräsentanten häufig von oben herab behandelten. Den Status als Weltmacht wieder herzustellen wurde schon am Beginn seiner Amtszeit als Präsident ein Langzeitziel Putins. Aus russischer Sicht konnte das nur als eine Abfolge von Nullsummen-Aktionen gegenüber den USA und dem Westen funktionieren.

Das russische Ausgreifen nach Syrien stellte sich als sehr erfolgreich heraus. Syrien ist einer der arabischen Staaten, die schon in Zeiten des Ost-West-Konflikts enge Beziehungen zur damaligen Sowjetunion unterhielten. Die Militärintervention Russlands im September 2015 rettete das zu dieser Zeit stark in die Defensive gedrängte Regime von Bashar al-Assad im Kampf gegen verschiedene islamistische Rebellengruppen, aber auch gegen Gruppierungen, die sich in der Tradition des Arabischen Frühlings von 2011 sahen und eine Demokratisierung Syriens anstrebten. Assad bekämpfte unterschiedslos alle Aufständischen, und das russische Eingreifen half ihm dabei. Vor allem mit ihren Luftangriffen auf die von Rebellen gehaltenen Teile des Landes war das russische Militär erfolgreich.

Die militärischen Erfolge in diesem erbarmungslosen Bürgerkrieg mit vielen Toten und Vertriebenen zahlten sich für Russland politisch aus. Die Politik der Türkei war vor allem darauf bedacht, die von den USA und der NATO unterstützten kurdischen Milizen in den eigenen Grenzgebieten kleinzuhalten. Die USA zogen sich 2019 weitgehend aus Syrien zurück und überließen ihre kurdischen Verbündeten dem Schicksal. Russland konnte deshalb seine militärische Präsenz in dem wieder erstarkten Assad-Regime verstetigen, die Fähigkeit zur Machtprojektion weit ab vom eigenen Land demonstrieren, neue Waffensysteme testen und wieder zu einer Position mit nicht zu ignorierender Gestaltungsmacht im Nahen Osten aufsteigen.

Westliche Beobachter haben mit in letzter Zeit sorgenvollen Mienen auf die gewachsene Präsenz Russlands in mehr und mehr afrikanischen Staaten hingewiesen. Die hat sich auf wirtschaftlicher Ebene gefestigt. Russlands Beliebtheit in vielen afrikanischen Staaten stützt sich auf Abkommen zur Nutzung der Atomenergie und auf Projekte zur Öl- und Gasförderung. Im Austausch gegen hoch nachgefragte Rohstoffe bietet es neuerdings auch Nahrungsmittel wie Weizen an, dabei den Preisanstieg ausnutzend, den die eigenen Angriffe auf die Ukraine bewirkt haben. Wichtiger noch ist jedoch die militärische Zusammenarbeit Russlands mit einer wachsenden Zahl afrikanischer Staaten, bei der die Söldner der halb privaten Wagner-Gruppe eine entscheidende Rolle spielen. Der »Vorteil«, auf den Russland dabei im Vergleich zu westlicher Militärhilfe zählen kann, ist: Vorwürfe wie von westlichen Emissären wegen der Missachtung und Verletzung von Menschenrechten, die milden Mahnungen an die afrikanischen Machthaber, sich an demokratische Standards zu halten, das bekommen die Herrscher in den afrikanischen Staaten von den Abgesand-

Russlands gewachsene Präsenz in Afrika: Demonstranten mit russischer Fahne in Niger, 2023

ten Russlands nicht zu hören. Russische Militärhilfe in Afrika ist eine Angelegenheit zwischen autoritären Regimen.

Das lässt sich gut an den jüngsten Militärputschen in den Staaten des subsaharischen Afrika studieren. So waren beispielsweise in Mali und in Niger seit Längerem Truppen westlicher Staaten, auch aus Deutschland, stationiert, um die einheimischen Soldaten auszubilden und islamistische Rebellengruppen zu bekämpfen. Seit sich in beiden Ländern Militärregierungen an die Macht geputscht haben (2022 bzw. 2023), sind noch mehr Wagner-Söldner dort aktiv, denn sie bekämpfen die Feinde der Putschisten ohne Rücksicht auf völkerrechtliche Bestimmungen und unabhängig davon, ob es sich um islamistische Rebellen oder Anhänger der abgesetzten Regierung handelt. Das Hauptproblem der Wagner-Söldner in Afrika ist heute die Unsicherheit über ihre Zukunft als halb private Söldner-Truppe, nachdem ihr Anführer Prigoschin von Putin entmachtet wurde und bei einem mysteriösen Flugzeugabsturz Ende August 2023 zu Tode kam.

Der Überfall auf die Ukraine

Der Grund für die Entmachtung Prigoschins war sein inszenierter Putschversuch gegen die Führung der Streitkräfte Russlands Ende Juni 2023. Die Wagner-Gruppe übernahm im russischen Feldzug gegen die Ukraine eine wichtige Rolle als besonders rücksichtslos vorgehende Kampftruppe. Dabei beklagte Prigoschin die ungenügende Unterstützung durch die regulären Streitkräfte. Letztlich kam es deshalb zu dem »Marsch auf Moskau«, der aber schnell wieder abgebrochen wurde.

Die Geschichte des Überfalls auf die Ukraine setzt fort, was mit der Annexion der Krim 2014 und den im gleichen Jahr einsetzenden Unterminierungsaktionen im Donbas-Krieg begann. Auf Befehl Putins griffen die russischen Streitkräfte am 24. Februar 2022 das gesamte Territorium der Ukraine an. Um das Wort Angriffskrieg zu vermeiden, aber auch, weil sich der russische Präsident ein zeitlich begrenztes und rasch siegreiches Vorrücken versprach, wurde der Überfall als »militärische Spezialoperation« bezeichnet. Aber ein schneller Sieg wurde es nicht. Die abenteuerliche Begründung für den Überfall – die Ausrottung des ukrainischen Naziunwesens – war an Unglaubwürdigkeit kaum zu überbieten.

Anders als erwartet, brach der Widerstand der ukrainischen Bevölkerung nicht nach wenigen Tagen ein. Vielmehr hielten die ukrainischen Streitkräfte dem enormen Druck der russischen Militärmaschinerie stand. Dazu trugen auch die bald einsetzenden Waffenlieferungen westlicher Länder an die Ukraine bei.

Trotz der massiven russischen Propaganda setzte sich in den meisten westlichen Ländern (verspätet, aber nicht zu spät) die Einsicht durch, dass Präsident Putin mit diesem Überfall seine Kampfansage an den Westen weiter konkretisiert hatte. Mit der impliziten Rückendeckung anderer Staaten, die dem Westen und seinen Ordnungsvorstellungen distanziert bis feindlich gegenüberstehen, sollte der Überfall auf die westlich orientierte Ukraine die innere Schwäche, die Verweichlichung und die Selbstverständigungsprobleme des Westens und insbesondere der NATO-Allianz aufdecken. Und doch ist der Krieg in der und um die Ukraine kein reiner Stellvertreterkrieg. Putin verfolgt damit gleichzeitig zwei parallele Projekte: erstens die großrussische Idee, nämlich den Zerfall der Sowjetunion so weit ausgreifend wie möglich rückgängig zu machen, und zweitens die Ablösung westlich-demokratischer durch eigene, nationalistisch-autoritär grundierte großregionale und globale Ordnungsvorstellungen.

Beide Bestrebungen konnten bislang nicht durchgesetzt werden. Aber wenn das militärische Vorgehen in der Ukraine auch längst nicht die im Kreml erwarteten Ergebnisse erbracht hat, so haben sich, was das zweite, das weltpolitische Projekt betrifft, doch einige Erfolgsansätze ergeben. Eine Reihe relevanter Staaten hat es vermieden, den Überfall auf die Ukraine und seinen Urheber Putin zu verurteilen. Ebenso gibt es innerhalb der westlichen Staatengruppe unterschiedliche Haltungen zum Krieg in der Ukraine und zu den Hilfsgesuchen der Regierung in Kiew. Zudem ist unsicher, ob die anfangs in den westlichen Ländern, besonders bei den europäischen Nachbarn, angetroffene spontane und praktische Hilfsbereitschaft mit der Dauer des Kriegs nicht abnehmen wird. Obwohl so nicht geplant, weil er einen großen Sieg Russlands innerhalb weniger Wochen erwartete, muss Putin bei einem sich über längere Zeit hinziehenden Abnutzungskrieg nicht mit innenpolitischem Gegenwind rechnen. Die Eliminierung oppositioneller Strömungen und das Kaltstellen innenpolitischer Gegner beherrscht er so gut wie alle autokratischen Herrscher.

Die Bilder dieses Kriegs werden uns noch lange gegenwärtig bleiben. Die russische Luftwaffe fliegt seit Kriegsbeginn Angriffe auf ukrainische Städte und Versorgungseinrichtungen. Wo russische Bodentruppen (reguläre Einheiten oder Söldner-Gruppen) vorgedrungen sind, kommt es wie in Butscha, einer Stadt nicht weit von Kiew, nicht selten zu Massakern und Kriegsverbrechen. Die intensiven Kämpfe zwischen russischen Angreifern und ukrainischen Verteidigern haben zuweilen den Charakter wie die von Ernst

Jünger beschriebenen Kämpfe im Ersten Weltkrieg. Für die Ukraine sind die westlichen Lieferungen schwerer Waffen überlebenswichtig. Eine herausgehobene Bedeutung haben für beide Seiten Drohnen, wobei für die Ukraine hier die Findigkeit ihrer Ingenieure von großem Nutzen ist. Drohnen kommen in diesem Krieg massenhaft zum Einsatz.

Das bedrohliche Agieren Russlands um das besetzte Atomkraftwerk Saporischschja und die Zerstörung des Kachowka-Staudamms im besetzten südlichen Teil der Ukraine bei Cherson, die vermutlich auf Russland zurückgeht, die Blockierung der ukrainischen Schwarzmeerhäfen zwecks Verhinderung der Ausfuhr ukrainischen Getreides und die Angriffe auf Getreidesilos beispielsweise in Odessa, all dies ergibt das Bild eines trotz der anfangs enttäuschten schnellen Siegeserwartungen entschlossenen Aggressors im Kreml. Russlands Kriege im 21. Jahrhundert sollen der innenpolitischen Stabilisierung von Putins Herrschaft dienen, der Revision des Niedergangs der Sowjetunion gegen Ende des vorigen Jahrhunderts und dem Auf- und Ausbau einer globalen Ordnung ohne die westlichen Werte von Demokratie und Menschenrechten, stattdessen in einer Allianz mit anderen autokratischen Staaten. Risiken und hohe Kosten werden ungerührt in Kauf genommen.

Deutschland, Europa und die aktuellen Kriege

Das erste Viertel des 21. Jahrhunderts ist von globalen Krisen überschattet: von den Folgen des offenbar nicht zu verlangsamenden Klimawandels, wachsenden demografischen Disparitäten sowie drängender werdenden Rohstoff- und Ressourcenproblemen. Die gegenwärtigen Kriege verschärfen ihre Auswirkungen und erschweren ihre lösungsorientierte Bearbeitung. Angesichts der globalen Unruheherde hat Henry Kissinger vom Versagen der politischen Führungen in der Welt gesprochen. Das ist ein hartes, nicht ganz unberechtigtes Urteil. In den Demokratien des Westens haben sich unterschiedliche und gegensätzliche Wahrnehmungen der Krisenwirklichkeit und ihrer strukturellen Ursachen fest etabliert, was wirksame Gegenmaßnahmen verzögert oder schlimmstenfalls sogar blockiert. In der Prioritätenliste autoritär regierter Staaten und Diktaturen der Welt rangieren sie oft hinter kurzfristigen Interessen der Machterhaltung und ideologischen Zielvorstellungen.

In Europa und speziell in Deutschland ist die Verknüpfung von globalem Krisenbewusstsein und den geopolitischen/geostrategischen Veränderungen der Weltlage lange

Zeit unterentwickelt geblieben. Das hat sich bis heute, trotz der Schocks, die der russische Überfall auf die Ukraine 2022 und der Überfall der Terrororganisation Hamas auf Israel 2023 ausgelöst haben, nicht nachhaltig verändert. Allenfalls rhetorisch, wofür die von Bundeskanzler Scholz mit Blick auf die nur bedingt abwehrbereite Bundeswehr geprägte Formel von der Zeitenwende steht. Seither wurde sie häufig zitiert und wirkt inzwischen schon recht abgegriffen.

Ach, Europa

Unter diesem Titel veröffentlichte Hans Magnus Enzensberger 1987 seine Eindrücke aus mehreren Mitgliedsländern der Europäischen Wirtschaftsgemeinschaft (EWG). Er wollte herausfinden, ob und inwieweit sich die verschiedenen nationalen politischen Traditionen und Kulturen an ein neues Europa-Bewusstsein anpassen und ob sich schon so etwas wie eine politisch handlungsfähige Einheit Europa über die nationalen Grenzen hinweg abzeichnet. Sein Resümee fiel eher skeptisch aus. Seit den Fünfzigerjahren des vergangenen Jahrhunderts gibt es Bestrebungen zur politischen, wirtschaftlichen und Sicherheitsfragen betreffenden Zusammenarbeit auf unserem Kontinent. Über mehrere Vertragsstationen ging aus der Europäischen Wirtschaftsgemeinschaft 1993 schließlich die Europäische Union (EU) hervor. In der Endphase des Ost-West-Konflikts und den frühen 1990er Jahren wurde viel unternommen, um die Integration nicht nur ökonomisch, sondern auch außen-

und sicherheitspolitisch voranzubringen. Schon damals waren aber Zweifel an der Vorstellung einer »immer engeren« Gemeinschaft der europäischen Nationen berechtigt.

Das europäische Integrationsprojekt ist seither nur wenig vorangekommen; die Fortschritte sind unbefriedigend geblieben und halten verstärktem Druck nicht stand. Gegenwärtig zählt die Europäische Union 27 Mitglieder. Eine Reihe weiterer Staaten steht auf der Warteliste, darunter seit Langem die heute vielleicht an einem Beitritt nicht mehr interessierte Türkei, ferner eine Reihe von Balkanstaaten und, auch angestoßen von der Kriegspolitik des Kreml, die Ukraine und Moldawien. Anfang 2020 ist Großbritannien nach 47-jähriger Mitgliedschaft aus der EU ausgetreten. Die Umstände des Brexit machten deutlich, dass die Integrationskraft der Europäischen Union nachgelassen hat, dass es an einer gemeinsamen und gemeinschaftlichen Zielvorstellung oder Vision für ein künftiges Europa fehlt und dass schließlich die nationalen Interessen der Mitgliedsstaaten (aus der Perspektive der jeweiligen Regierung) weiter auseinanderklaffen, als man sich lange Zeit vorstellen konnte oder wollte. Dieser Sachverhalt ist für die Anhänger einer weitergehenden europäischen Integration, und die gibt es selbstverständlich immer noch, selbst im Nach-Brexit-Großbritannien, außerordentlich misslich.

Auf einem politischen Arbeitsfeld der europäischen Integration haben sich besonders viele und hohe Erwartungen angehäuft, denen regelmäßig Enttäuschungen auf dem Fuße folgten: Das ist die gemeinsame Sicherheitspolitik. Ursprünglich sollte dieses Politikfeld sogar eine der Grundlagen der europäischen Integration sein; geplant war die Bildung einer Europäischen Verteidigungsgemeinschaft (EVG). Dieses Projekt ließ sich schon damals, in den 1950er Jahren, nicht realisieren. Nach vielen weiteren Anläufen gibt es auch heute nur vereinzelte Ansätze zur europäischen Koordinierung der nationalen Sicherheitspolitiken. Viele Ankündigungen, Resolutionen, Pläne, neu geschaffene oder umbenannte Institutionen, durchaus auch einige gemeinsame militärische Missionen – unterm Strich reicht das nicht aus, um die EU zu einem unabhängigen, handlungsfähigen und respektierten sicherheitspolitischen Akteur in der Weltpolitik zu machen.

Manche Europäer beklagen dieses Defizit; vielen ist es gleichgültig; andere sehen darin sogar einen Ausweis europäischer Fortschrittlichkeit. Eine Ursache für die Mängel sicherheitspolitischer Gemeinsamkeit der EU-Staaten ist paradoxerweise der Erfolg der zu Beginn des Kalten Kriegs gebildeten Militärallianz zwischen den USA und Westeuropa, dem Nordatlantikpakt NATO. Das in den wichtigsten Belangen von den USA gesteuerte Bündnis erwies sich als Schutzgarantie für die westlich vom Eisernen Vorhang liegenden Länder Europas, waren es doch vor allem amerikanische Nuklearwaffen und in Westeuropa stationierte US-Truppen, die der Abschreckung Glaubwürdigkeit gaben und das Risiko für einen Aggressor, der mit konventionellen Mitteln anzugreifen plante, unberechenbar hoch hielten.

Das sicherheitspolitische Übergewicht der USA in der NATO haben deren europäische Mitgliedsstaaten gerne akzeptiert, auch als der Ost-West-Konflikt überwunden war. Obwohl sich die Hoffnungen auf eine langjährige »Friedensdividende« durch Reduzierung der Militärhaus-

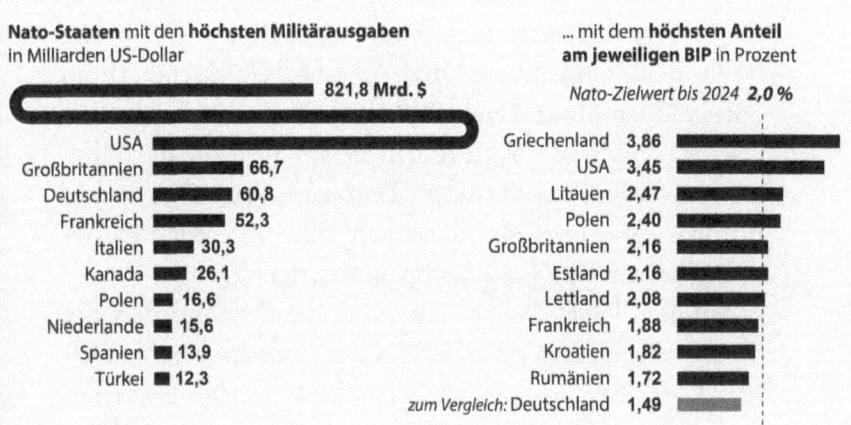

Militärische Abhängigkeit: Die Verteidigungsausgaben der NATO-Staaten im Jahr 2022.

halte in Europa bald verflüchtigt hatten, taten sich die europäischen NATO-Staaten schwer mit der Abkehr von dieser Sparpolitik. 2002 anlässlich des NATO-Beitritts einiger post-kommunistischer Staaten und dann noch einmal 2014 auf dem NATO-Gipfel in Wales wurde vereinbart, dass der Militärhaushalt jedes Mitglieds mindestens zwei Prozent seines Bruttoinlandsprodukts umfassen sollte. Ein Versprechen, das nur wenige europäische NATO-Mitglieder eingehalten haben. Das militärische und sicherheitspolitische Übergewicht der USA blieb markant. Die Militärausgaben der NATO beliefen sich 2022 auf circa 1,175 Billionen US-Dollar. Davon entfielen rund 822 Milliarden US-Dollar auf die USA und rund 353 Milliarden US-Dollar auf die übrigen 29 NATO-Staaten. Seit Beginn des 21. Jahrhunderts hat es immer wieder Aufforderungen aus Washington an die europäischen NATO-Staaten gegeben, etwas gegen diese Schieflage zu unternehmen. Mal fielen sie eher freundlich-mahnend aus, mal wie unter Präsident Trump unfreundlich bis drohend. Der neo-konservative US-amerikanische Publizist Robert Kagan illustrierte 2002 die Differenz im sicherheitspolitischen Denken in den USA und in Europa mit einem einprägsamen Bild: Die Amerikaner kommen vom Mars, die Europäer von der Venus.

Auf dem Papier ließen sich durch die Zusammenlegung der Ausgaben für die Streitkräfte der europäischen NATO-Mitglieder und in längerer Perspektive die Bildung einer Europa-Armee viele Doppelausgaben vermeiden und kräftige Synergieeffekte erreichen. Aber davon wurde bislang wenig erreicht. Europa ist militärisch von den USA abhängig geblieben. In seinen Hauptstädten wird nichts mehr gefürchtet als eine sicherheitspolitische Abkehr der USA von der NATO. Das schien lange undenkbar. Aber in den letzten Jahren rückte dies infolge der innenpolitisch motivierten Unberechenbarkeit Washingtons durchaus in den Bereich der Möglichkeiten. Sollte es dazu kommen und Europa sicherheitspolitisch auf sich allein gestellt sein, würde schlagartig sichtbar, dass seine Verteidigungsfähigkeit entschieden zu wünschen übrig lässt.

Kriege in der Nachbarschaft

Anders als es ein weit verbreitetes Wahrnehmungsmuster vorgaukelt, war Europa in den ersten Jahrzehnten dieses Jahrhunderts keine »Insel des Friedens«. Schon während der mit großer Brutalität unter den Nachfolgestaaten des zerfallenen Jugoslawien zwischen 1991 und 1999 ausgefochtenen Kriege stellte sich heraus, dass die Europäische Union zu keiner eigenständigen gestalterischen Sicherheitspolitik in der Lage war. In diesen Kriegen kam es zu chauvinistisch, religiös und ethnisch motivierten Massakern; man schätzt die Zahl der Toten auf über 200 000. Millionen von zuvor friedlich miteinander lebenden Menschen mussten aus ihrer Heimat fliehen oder wurden vertrieben. Das Massaker von Srebrenica im Juli 1995, die Ermordung von mehr als 7500 muslimischen Männern und Kindern durch serbische Militäreinheiten, gilt als das schlimmste Kriegsverbrechen auf europäischem Boden seit dem Zweiten Weltkrieg. Die europäischen Staaten beteiligten sich zwar an der Etablierung eines einigermaßen verlässlichen, bis heute fragilen Friedens auf dem Balkan. Ohne die tätige Mithilfe des NATO-Partners USA wären die Kriegsparteien jedoch nicht von weiteren blutigen Auseinandersetzungen abgebracht worden.

Von den mittlerweile unabhängigen, aber nicht miteinander versöhnten Staaten des Balkan gehören inzwischen Slowenien und Kroatien der EU an. Die anderen Staaten der Region sind in Verhandlungen mit der EU, an deren Ende die Mitgliedschaft stehen soll. Erschwert wird diese Situation durch den Dauerkonflikt zwischen Serbien und dem völkerrechtlich nicht überall anerkannten Kosovo. Dabei geht es in der Hauptsache um den Status der serbischen Minderheit im Kosovo. Seit das kosovarische Parlament 2008 die Unabhängigkeit des Landes proklamiert hat, ist es immer wieder zu lokalen Gewalttätigkeiten gekommen. Seit

Mai 2023 hat es wieder mehrere solcher Zwischenfälle gegeben. Das Auswärtige Amt in Berlin schätzte die Sicherheitslage im Herbst 2023 als so gravierend ein, dass es eine Reisewarnung für den Norden des Kosovo ausgesprochen hat. Der Lockruf einer Mitgliedschaft in der EU hat bislang auf dem Balkan keine befriedende Wirkung gezeigt.

Nicht direkt an Europas Grenzen, aber doch nah genug, um für die europäischen Sicherheitsinteressen eine Rolle zu spielen, haben sich die Kämpfe um die hauptsächlich von Armeniern bewohnte Enklave Bergkarabach seit 2020 erneut zugespitzt. Der Konflikt zwischen Aserbaidschan und Armenien um dieses Gebiet hat eine lange Vorgeschichte. Waffenstillstandsabkommen, Feuerpausen, die einvernehmliche Stationierung von (russischen) Truppen zur ihrer Überwachung haben nicht erreicht, dass sich die Lage entspannt hat. Der durch russische Vermittlung erzielte Waffenstillstand vom 9. November 2020 nach einer militärisch erfolgreichen Offensive Aserbaidschans konnte politisch für beiderseits akzeptable Kompromisse nicht genutzt werden. Vielleicht ist das Verhalten Russlands im September 2023 auch ein Indiz für die viel zitierte Zeitenwende: Putin hat seine schützende Hand von Armenien abgezogen, sodass Aserbaidschan mit Blockaden und erneuten militärischen Vorstößen Bergkarabach erobern und die dortige Bevölkerung vertreiben konnte. Etwa 120 000 ethnische Armenier haben bis dahin in Bergkarabach gelebt. Nach dem Vorrücken aserbaidschanischer Streitkräfte in Bergkarabach am 19. und 20. September 2023 haben über 100 000 von ihnen die Region über den Latschin-Korridor Richtung Armenien verlassen.

Die Europäischen Union hat bei dieser Entwicklung wenig mehr getan als zuzusehen. Einzelne Repräsentanten europäischer Regierungen mahnten die Einhaltung von Menschenrechten an; materielle Hilfe für die Vertriebenen wurde in bescheidenem Rahmen in Aussicht gestellt. Aserbaidschan war für die EU wegen seiner Lieferungen von Rohöl schon seit der Unabhängigkeit des Landes immer ein attraktiver Handelspartner. Mit dem Krieg Russlands gegen die Ukraine und den Handelssanktionen der EU gegen Russland ist seine Bedeutung weiter angestiegen. Dass das Land wie die meisten anderen post-sowjetischen Staaten der Region eine demonstrativ demokratieferne, autoritäre Staatsführung hat, wird in Kauf genommen. Im Übrigen sind allen Bemühungen der EU und Deutschlands, den Konflikt zu deeskalieren, Erfolge versagt geblieben.

Deutschland und der Ukraine-Krieg

Die »kleineren« Kriege in der Nachbarschaft Europas finden in der Regel ein eher geringes Maß an öffentlicher Aufmerksamkeit. Es fehlt an subjektiver Betroffenheit – das Bewusstsein für eine objektive Betroffenheit ist wenig entwickelt. Dies gilt allerdings nicht für die beiden »großen« Kriege, den Angriffskrieg Russlands auf die Ukraine sowie den Terrorüberfall der palästinensischen Hamas auf Israel und dessen Gegenangriffe auf den Gazastreifen. Die Regierungen der Mitgliedsstaaten von EU und NATO haben auf die Kriegsereignisse mit beträchtlicher Einigkeit reagiert. Doch weist diese Einigkeit Risse auf. In jedem europäischen Staat vermischen und beeinflussen sich auf jeweils spezifische Weise historische Erfahrungen, ökonomische Interessen, innen- und parteipolitische Präferenzen von Regierung und Parlament und staatliche sowie zivilgesellschaftliche Wahrnehmungsmuster.

Deutschland ist in dieser Hinsicht ein besonderer Fall, weil hier die Distanz zu militärischer Macht und Krieg nach 1945 fast so etwas wie ein tragendes Element seiner politischen Kultur geworden ist. Das würde nicht infrage gestellt werden müssen, wenn aus dieser Distanz nicht eine weit verbreitete und tief im kollektiven Selbstverständnis verankerte Verständnislosigkeit für die Rolle militärischer Macht in der Politik und für die Allgegenwart von Kriegsgefahren im Weltgeschehen erwachsen wäre. Aus dieser Haltung heraus wurden die Ereignisse um die Eroberung der Krim 2014 nur oberflächlich zur Kenntnis genommen, zwar keineswegs gutgeheißen, jedoch nicht als so gewichtig angesehen, dass über eine Reihe nicht sehr wirksamer Sanktionen gegen Russland und seine Führung hinaus Veränderungen in den Beziehungen zu Russland, insbesondere den Wirtschaftsbeziehungen, notwendig erschienen. Ähnlich die Haltung zu Moskaus hybridem Krieg in den östlichen Regionen der Ukraine – unerfreulich, aber (für uns in Deutschland) hinnehmbar. Nur nebenbei sei erwähnt, dass die anderen europäischen Länder, sofern sie keine gemeinsame Grenze mit Russland haben, aus eigenen Gründen eine ähnlich passive Haltung einnahmen.

Der großangelegte Überfall auf die Ukraine vom 24. Februar 2022 löste einen Schock in Europa aus, ganz besonders in Deutschland. Vermutlich hat man im Kreml damit gerechnet, dass es gerade in Deutschland mehr und einflussreiche russlandfreundliche Stimmen geben würde. Schlagartig zeigte sich, dass weder enge Wirtschaftsbeziehungen noch die Proklamation der eigenen Friedfertigkeit und schon gar nicht das geltende Völkerrecht einen entschlossenen Diktator ohne innenpolitische Korrektive daran hindern können, zum Mittel militärischer Aggression zu greifen. Schnell wurde klar, dass mit »sanfter Macht« (*Soft Power*) nicht viel auszurichten war, um der Aggression etwas entgegenzusetzen. Ebenso wenig verfangen andere Mittel wie weitere Sanktionen oder die Anrufung internationaler Gremien, etwa des Sicherheitsrats der UNO. Viele politikwissenschaftliche Voraussagen über eine von Kooperation geprägte Zukunft haben sich als Schönwettertheorien erwiesen.

In den internationalen Beziehungen ist die Allgegenwärtigkeit von Kriegsgefahr und Krieg schon vor, spätestens mit dem Beginn des 21. Jahrhunderts zu beobachten. Europa und Deutschland schienen davon nur am Rande betroffen. Das hat sich geändert. In Deutschland war man in den vergangenen Jahren mit der Beschreibung als »post-heroische« Gesellschaft ganz einverstanden. Die Kriegsereignisse in der Ukraine bedeuten hier in der Tat eine Zeitenwende, jedenfalls dann, wenn man diesen Begriff auf die grundlegenden sicherheitspolitischen Wahrnehmungsmuster in Deutschland und in jenen europäischen Staaten bezieht, die den *Hard Power*-Faktoren keine Priorität einräumten. Mars und Venus haben sich, um dieses Bild noch einmal zu bemühen, angenähert.

Für die mit den Stimmen von SPD, Grünen und FDP gerade vom Bundestag gewählte Regierung und Bundeskanzler Scholz war dies ein schwieriger Lernprozess. Der russische Angriff machte aus den deutsch-russischen Wirtschaftsbeziehungen einen Scherbenhaufen; alle Versuche Berlins, trotz der sich verschärfenden Kriegssituation an Einfuhren von Gas und Öl aus Russland festzuhalten, scheiterten. Die ersten deutschen Hilfslieferungen zur Unterstützung der ukrainischen Streitkräfte bestanden aus 5000 Bundeswehrhelmen. In den Folgemonaten zeigte sich die Bundesregierung zunächst sehr zurückhaltend bei der Lieferung von Waffen an die Ukraine, schloss dann aber langsam zu denjenigen NATO-Partnern auf, die hier spontaner und freigiebiger auf die Bedürfnisse der Ukraine reagierten.

Die Rhetorik überstieg dabei meist das Handeln. Die Zeitenwende-Rede des Kanzlers wenige Tage nach dem Überfall auf die Ukraine enthielt auch die spektakulär erscheinende Zusage über die Einrichtung eines »Sondervermögens« von 100 Milliarden Euro. Damit sollten die Defizite bei der Ausstattung und Bewaffnung der Bundeswehr rasch abgebaut werden. In der Tat bedurfte es keiner intensiven Bestandsaufnahme, um zu erkennen, dass die Bundeswehr als Streitmacht zur Abschreckung eines entschlossenen Gegners und zur Verteidigung des eigenen Territoriums und denen der Verbündeten nur ansatzweise taugte.

In den folgenden Monaten erreichten die Öffentlichkeit immer wieder Meldungen über Schwierigkeiten, Verzögerungen und Unsicherheiten bei den Planungen für die Verwendung dieses Sondervermögens. Experten führten zudem an, dass dieser Betrag längst nicht ausreichen würde, weder kurzfristig noch in längerer Perspektive, wenn das Ziel, (mindestens) zwei Prozent des Bruttoinlandsprodukts für die Verteidigung auszugeben, wirklich erreicht werden sollte.

Vor dem Hintergrund des Ukraine-Kriegs und der absehbaren Folgen eines russischen Erfolges in diesem Krieg ist die Stabilisierung der Bundeswehr dringend notwendig, fast noch mehr ein gesellschaftsweites Umdenken in der Frage nach dem Schutz vor militärischen oder nichtmilitärischen (zum Beispiel aus dem Cyberraum erfolgenden) Attacken. Im Herbst 2023 hat Verteidigungsminister Pistorius gefordert, die Bundeswehr müsse »kriegstüchtig« werden. Doch hat er dies nicht nur auf die Streitkräfte gemünzt, sondern explizit auch davon gesprochen, Deutschland müsse kriegstüchtig werden. Sicherheitsexperten haben schon vor längerer Zeit mehr Resilienz gefordert. Dieser nicht unbedingt auf Anhieb verständliche Begriff sagt im Grunde dasselbe aus. Das eine wie das andere ist bislang allenfalls eine rhetorische Forderung und noch lange nicht realisiert.

Russland, die Hamas, Israel und wir

2023 häuften sich für Europa und Deutschland, eigentlich für die gesamte westliche Welt, die politisch-militärischen Herausforderungen. Die Nachwirkungen des Rückzugs der amerikanischen Truppen und der anderer NATO-Staaten aus Afghanistan, das nur auf den ersten Blick weniger folgenreiche Auslaufen von UNO-gestützten Stabilisierungsmissionen im subsaharischen Afrika und das gleichzeitige Vordringen russischer Söldnergruppen, die immer noch kontrollierte, aber deutlich gewordene Zuspitzung des Konfliktes zwischen China und Taiwan haben die sicherheitspolitische Weltlage verdüstert.

Die Kriege in der Ukraine und im Nahen Osten sind gezielt ausgelöste militärische Eruptionen, die lokal und regional große Zerstörungskraft entwickeln. Sie produzieren jedoch auch Erschütterungen außerhalb des Kriegsgebietes. Längst haben sie Europa und Deutschland erreicht und schwächen deren diplomatische Möglichkeiten als Friedensmacht erheblich. Allerdings müssen wir nach Prüfung der Berichterstattung unserer Leitmedien und unseres eigenen Aufnahmevermögens hinsichtlich von Gewaltkonflikten und Kriegen auf dem Globus feststellen, dass ein großer Teil davon nach kurzer Zeit in unserem Aufmerksamkeitshorizont an den Rand gedrängt wird. Die humanitäre Katastrophe im Sudan zum Beispiel, die im Herbst 2023 mehrere Millionen Menschen in Existenznot gebracht hat, wird außerhalb Afrikas nur von wenigen zur Kenntnis genommen. Das Phänomen des Aufmerksamkeitsschwunds hat allgemeine und schwer abstellbare Ursachen. Gegenwärtig gibt es jedoch zwei spezielle Gründe für die Konzentration auf Kriege, die offensichtlich mehr und direkter mit Europa und Deutschland zu tun haben als solche in anderen Regionen. So hat der anhaltende und mit gezielten Angriffen auf die Infrastruktur der Ukraine deren Überlebensfähigkeit massiv gefährdende Abnutzungskrieg Russlands besonders die europäischen Staaten an Russlands Westgrenze und die NATO insgesamt außerordentlich beunruhigt.

Aber damit nicht genug. Der völlig unerwartete und sogar für die israelischen Geheimdienste überraschende Überfall der den Gazastreifen kontrollierenden Terrororganisation Hamas auf Israel am 7. Oktober 2023 war mehr als ein weiteres Aufflammen des Langzeitkonflikts zwischen Israel und den Palästinensern. Zwei Besonderheiten stechen hervor: erstens die offenbar über eine lange Zeit sorgfältig geplante, geheim gebliebene Vorbereitung von Überfall und Geiselnahme von über 200 Israelis und zweitens der mit viel Geschick instrumentierte Konflikt-Export in die westlichen Länder. Dieser Krieg ist auf andere Weise »bei uns« angekommen als der Ukraine-Krieg. Letzterer hat eine Fluchtbewegung Hunderttausender Menschen in die Europäische Union ausgelöst. Die NATO-Staaten, obwohl untereinander nicht völlig einig, unterstützen die Ukraine unter anderem mit Lieferungen von Rüstungsgütern, womit auch ein Abschreckungssignal an den Kreml gesendet wird.

Der Überfall der Hamas, der fortlaufende Raketenbeschuss von israelischem Territorium aus dem Gazastreifen und die massive Militärreaktion der israelischen Armee in Gaza mit Tausenden zivilen Opfern haben in westlichen Staaten bewirkt, dass sich die große Mehrheit der hier lebenden muslimischen Bevölkerung mit Aufrufen und Demonstrationen auf die Seite der Hamas gestellt hat. Das haben auch die meisten Regierungen muslimisch geprägter Gesellschaften im Nahen Osten, Afrika und Asien getan, wobei die Intensität der geäußerten Israel-Feindlichkeit variiert. Die Kriegspropaganda von Regimen wie dem Iran und seinen von ihm protegierten Terrororganisationen kann dabei wenig überraschen; eher schon, dass sich der Präsident des NATO-Mitgliedsstaates Türkei verbal auf harsche Weise gegen Israel gestellt hat.

Seit Kriegsbeginn in Israel und Gaza steht diese Auseinandersetzung im Brennpunkt öffentlicher Aufmerksamkeit. Für die Ukraine könnte das eine bittere Erfahrung werden, wenn die Empörung über Russlands Zerstörungskrieg nachlässt, weil die Welt mit anderem beschäftigt ist. Ebenso hat der Krieg der Hamas in Deutschland mit seinem besonderen Verhältnis zu Israel eine vor Kurzem noch undenkbare Entwicklung in Gang gebracht, nämlich eine Wiederbelebung überwunden geglaubter antisemitischer Einstellungen, die von dem überbordenden Hass vieler Muslime auf Israel neu befeuert werden. Der Satz, wonach Israels Sicherheit zur deutschen Staatsräson gehört, ist zwar eher deklamatorischer Natur und könnte, realistisch betrachtet, nicht eingelöst werden. Zweifellos aber gehört es zur Staatsräson Deutschlands, dass die hier lebenden Bürger jüdischen Glaubens sich genauso sicher fühlen wie andere auch. Diese Verpflichtung wird durch die heftigen Demonstrationen gegen Israel und Juden allgemein infrage gestellt. Wie es scheint, hat die Hamas an der weltweiten Propagandafront des Kriegs beachtliche Erfolge aufzuweisen. Im öffentlichen Diskurs in Deutschland und vielen westlichen Ländern wird häufig weit mehr von angeblichen Völkerrechtsverstößen oder gar Kriegsverbrechen Israels gesprochen als von den alle völkerrechtlichen Regeln missachtenden Kriegshandlungen der Hamas. Manche Experten sehen gegenwärtig eine neue Welle terroristischer Anschläge auf die westlichen Länder zukommen.

Deutschland – eine Friedensmacht?

Für das politische Selbstverständnis der Mehrheit in Deutschland sind beide Kriege Weckrufe und Anlass zu kritischer Selbstprüfung. Der Ausbau der (konventionellen) Abschreckungs- und Verteidigungsfähigkeit der Bundeswehr wird nur von wenigen abgelehnt, auch wenn manch einer mit dem Begriff der Kriegstüchtigkeit weiter Schwierigkeiten hat. Die Frage ist jedoch, welcher Aufwand an materiellen Mitteln, an Personal und an Zeit nötig ist, um angemessene Ergebnisse präsentieren zu können.

Das opferreiche Kriegsgeschehen im Nahen Osten wird aller Voraussicht nach nicht rasch beendet werden können. Als Einzelstaat hat Deutschland aufgrund seiner Vergangenheit eine besondere Verpflichtung zur Stützung Israels. Es sieht nicht so aus, als könnte Deutschland hier viel mehr als Appelle und gut gemeinte Ratschläge in die Waagschale legen. In der eigenen Gesellschaft wird das, vor allem, aber nicht ausschließlich, von der muslimischen Bevölkerung abgelehnt. Auch im europäischen Verbund ist keine merkliche Handlungsfähigkeit gegeben. In vielen europäischen Gesellschaften, die sich keine Verantwortung für den Völkermord an den Juden während des Zweiten Weltkriegs anzurechnen brauchen, leben mittlerweile größere Zahlen von Muslimen, denen Israel als Erzfeind gilt. Das erhöht nicht die Vermittlungsmacht der Europäischen Union. Eine Lehre aus den vergangenen Jahren erscheint unabweisbar, nämlich dass ein Staat nur dann auch als Friedensmacht erfolgreich sein kann, wenn er nicht nur den Frieden will, sondern auch die Macht hat, gemeinsam mit anderen den Frieden mitzugestalten.

Ausblick:
Politische Herkulesaufgaben

In einer fulminanten Ansprache vor der berühmten Londoner Denkfabrik Chatham House versuchte der US-amerikanische Botschafter Hal Wyler seine Zuhörer, darunter hochrangige Diplomaten und Politiker, davon zu überzeugen, dass Kommunikation der Schlüssel für die Lösung auch der unlösbar scheinenden Konflikte in der Weltpolitik sei. Man müsse, sagte er, miteinander reden und wieder reden, und auch wenn das tausendmal vergeblich sei, bestehe doch die Möglichkeit, dass im tausendundeinsten Gespräch ein Ergebnis in Sicht komme, das die Kontrahenten akzeptieren können. Hal Wyler ist allerdings ein fiktiver Charakter. Wer die Netflix-Serie »Diplomatische Beziehungen« (2023) gesehen hat, wird sich an den eindringlichen Ton und den charismatischen Realismus seiner Rede erinnern.

Kommunikation ist seit jeher das Credo der Diplomatie. Es gibt es kein anderes pragmatisches Mittel zur Deeskalation von Kriegen, bevor die Kriegsparteien sich gegenseitig vernichtet haben. Es sei denn, eine Konfliktpartei ist ungleich stärker, sodass sie den Gegner schnell in die Knie zwingen kann. Kommunikation ist andererseits oft schwierig zu handhaben und zeitaufwendig. Aber sie hat zuweilen, manchmal sehr spät, für manche zu spät, die Deeskalation von Kriegen bewirkt. Oft, aber nicht immer.

Angesichts der Vielzahl und Vielgestalt von Kriegen im 21. Jahrhundert und der Aussicht, dass ihre Zerstörungskraft infolge technologischer Innovationen weiter ansteigen wird, sind die entscheidenden politischen Akteure besonders herausgefordert. Das gilt auch für die Diplomatie als ihr bestes Mittel, und sei es zur möglichst kostengünstigen Durchsetzung ihrer Interessen. Die angemessene Berechnung der Kosten ist dabei nicht einfach, denn sie hängen nicht nur vom eigenen Verhalten, sondern auch von dem aller anderen ab. Und unbeabsichtigte Nebenwirkungen, in Kriegen häufig als »Kollateralschäden« bezeichnet, müssen so gut es geht antizipiert werden. Kriegspolitische Diplomatie steht vor drei Herkulesaufgaben (ein Pessimist würde sagen: Sisyphusaufgaben): die mögliche Verhinderung von Kriegen, ihre Eindämmung und, am kompliziertesten, ihre Beendigung.

Kriegsverhinderung

Bei der Verhinderung von Kriegen handelt es sich um eine Aufgabe, deren erfolgreiche Bewältigung sich nur schwer nachweisen lässt. Denn wenn es zwischen Kontrahenten nicht zu einem Krieg kommt und sie sich entweder friedlich einigen oder im Zustand eines angespannten Nicht-Kriegs verharren, ist es schwierig zu beweisen, dass eine der Konfliktparteien oder beide kurz davor waren, einen Krieg zu beginnen, und dass diplomatisches Verhandeln sie davon abgebracht hat.

Ein Team von Historikern und Historikerinnen hat vor einiger Zeit die Jahrzehnte zwischen dem Ende des Krimkriegs 1856 und dem Beginn des Ersten Weltkriegs 1914 unter dem Gesichtspunkt untersucht, wie und warum in diesem Zeitraum Kriege zwischen den Großmächten vermieden oder verhindert wurden. Sie unterscheiden dabei zwischen acht unterschiedlichen Typen der Krisenbeherrschung und des Konfliktmanagements. Bei den meisten von ihnen geht es um die diplomatische Suche nach einem Interessenausgleich, um die militärische Abschreckung aggressiver Handlungen durch eine Politik der Stärke oder zumindest militärischer Parität, um vertrauensbildende Maßnahmen über gemeinsam anerkannte Regeln und mithilfe zwischenstaatlicher Institutionen.

Das alles sind altbekannte, oft benutzte und auch in der Gegenwart angewendete Methoden der Konfliktbearbeitung zwecks Kriegsverhinderung. Man muss sich allerdings klar darüber sein, dass sie immer nur begrenzte Zeit erfolgreich sein können, weil sich das Bedingungs- und Einflussgefüge in der internationalen Politik nicht festzurren lässt, sondern permanentem Wandel unterliegt. Ein Patentrezept, einen Königsweg für die Kriegsverhinderung gibt es nicht, auch wenn viele sich das wünschen und manche solches Wunschdenken mit der Wirklichkeit verwechseln.

Zur Illustration dieser These kann man auf die Ost-West-Entspannungspolitik seit den 1970er Jahren verweisen. Die ausbalancierte Truppenreduzierung, die Einrichtung einer auf gegenseitige Sicherheit und Zusammenarbeit beruhenden Entspannungsplattform (KSZE) und weitere vertrauensbildende Maßnahmen bereiteten damals das friedliche

Ende des Ost-West-Konflikts vor. Eine wichtige Rolle spielte dabei auch das »nukleare Patt« oder »Gleichgewicht des Schreckens« zwischen den beiden damals so bezeichneten »Supermächten« USA und UdSSR. Heute wirken Anrufungen dieser Entspannungspolitik anachronistisch, weil sich die weltpolitische Situation stark verändert hat. Auch ist das Vertrauen in die nukleare Abschreckung in einer multipolaren Staatenwelt mit einer langsam ansteigenden Zahl von Atommächten fraglicher geworden. Das überlieferte diplomatische Instrumentarium reicht jedenfalls zur Verhinderung von Kriegen im 21. Jahrhundert nicht aus. Es auszubauen ist eine politische Herkulesaufgabe.

Eindämmung von Kriegen

Eine zweite, nicht minder komplexe und schwierige Aufgabe ist die Eindämmung von einmal begonnenen Kriegen. Gemeint sind damit alle Maßnahmen zur Deeskalation, also Feuerpausen, Waffenstillstände, Verhinderung der Ausweitung des Kriegsgebietes und Schutzmaßnahmen für die Zivilbevölkerung. Nüchtern kann festgestellt werden, dass diese Maßnahmen auch in den Kriegen der Gegenwart zu selten erfolgreich sind.

Die Folgekosten der meisten Kriege heute, auch Bürgerkriege, in deren Verlauf die Ordnung eines Staates zusammenbricht wie etwa in Libyen oder im Sudan, hat nicht nur die direkt betroffene Bevölkerung zu zahlen. Unmittelbare oder mittelbare Kriegsfolgen wie die Störung wirtschaftlicher Beziehungen, erzwungene Migration oder Umweltschäden betreffen ebenso die benachbarten Staaten und zuweilen auch solche auf anderen Kontinenten. Wenn die zugrunde liegenden Konflikte zwischen zwei oder mehreren Akteuren schon nicht so gesteuert werden können, dass es nicht zu gewaltsamen Auseinandersetzungen kommt, wird deren Eindämmung immer wichtiger.

Häufig wird in diesem Zusammenhang an die »internationale Gemeinschaft« appelliert. Dieser völkerrechtliche Begriff ist allerdings realpolitisch nicht sonderlich belastbar. Dennoch ist es richtig, dass die Eindämmung einmal begonnener Kriege auch im Interesse anderer, nicht kriegsbeteiligter Staaten liegt. Nicht aller, denn manche profitieren auch davon, dass andere staatliche oder nichtstaatliche Akteure Krieg gegeneinander führen. Es gibt Fälle, in denen von Regierungen bewusst Öl ins Feuer gegossen wird. Je größer das horizontale Eskalationspotenzial ist, je eher also aus einem lokalen Krieg ein regionaler, im schlimmsten Fall sogar ein Krieg mit globalen Auswirkungen werden kann, desto nachdrücklicher sind die nicht kriegsbeteiligten Staaten aufgerufen, zur Eindämmung des Kriegs beizutragen.

Auch in den beiden gefährlichsten kriegerischen Auseinandersetzungen der Jahre 2022/23, dem Krieg in der Ukraine und den Terrorangriffen der palästinensischen Hamas auf Israel, wird viel zu ihrer Eindämmung unternommen. Den öffentlichen Teil dieser Bemühungen bilden Resolutionen, Staatsbesuche, internationale Krisensitzungen, etwa im Rahmen der UNO. Wichtiger sind jedoch Gespräche und Verhandlungen hinter den Kulissen, über die naturgemäß wenig an die Öffentlichkeit dringt. In beiden benannten Kriegen handelt es sich um verwickelte Konflikte, zu deren Eindämmung Gespräche und Verhandlungen besonders nötig sind. Eine Deeskalation erscheint in beiden Fällen überaus schwierig.

Beendigung von Kriegen

Wir sind es gewohnt zu denken, dass der Schlusspunkt eines Kriegs die vertragliche Festlegung zur Einstellung der Kampfhandlungen ist, der Friedensvertrag. So ein Vertrag umfasst auch Regelungen für das Nachkriegsverhältnis der Kriegsparteien, wobei die siegreichen Mächte ihre Kriegskosten oft durch nachträgliche Kompensationen zu verringern trachten (Zugewinn von Territorien, Sicherung bestimmter wirtschaftlicher Privilegien, finanzielle Transfers). Friedensverhandlungen werden oft direkt und bilateral zwischen den Kriegsparteien durchgeführt. Bei Kriegen, an denen mehrere Mächte beteiligt waren, sind Friedensverträge oft in mühseligen multilateralen Verhandlungen erarbeitet worden. Als berühmte historische Beispiele gelten etwa der Westfälische Frieden 1648 oder der Wiener Kongress 1814/15, auf dem die europäischen Mächte die territorialen Veränderungen durch die napoleonischen Kriege weitgehend rückgängig machten. Multinationale Friedensverhandlungen gab es auch am Ende des Ersten Weltkriegs 1919. In Paris, genauer in verschiedenen Pariser Vororten, wurden insgesamt fünf Friedensverträge ausgehandelt, darunter in Versailles der mit Deutschland, den die große Mehrheit der Deutschen nicht akzeptieren wollte. Die Revision etlicher Vertragsbestimmungen blieb ein vorrangiges politisches Ziel in der Weimarer Republik. Wie nachhaltig die Bestimmungen des Versailler Vertrags den Aufstieg der Nationalsozialisten beförderten, ihre Machtübernahme und ihre Kriegspolitik, ist umstritten. Nach dem Ende des vom NS-Regime begonnenen Zweiten Weltkriegs haben die alliierten Siegermächte sich über einen Friedensvertrag mit Deutschland nicht einigen können.

Friedensverträge in diesem Sinne hat es im 21. Jahrhundert nicht mehr gegeben. Es reichte stattdessen nur zu weniger ordnungskräftigen Abkommen beispielsweise über Truppenabzüge, wie etwa dem zwischen der Trump-Administration in Washington und den Taliban Ende Februar 2020. Der Grund dafür ist klar erkennbar: Nichtstaatliche Akteure wie Warlords, Terrororganisationen oder private Milizen und Staaten, deren Regierung die Regeln der internationalen Ordnung nicht anerkennen, können und wollen keine Friedensverträge schließen. Sie würden sie ohnehin nicht einhalten. Mit ihnen lassen sich allenfalls Verabredungen von Waffenstillständen absprechen, die aber oftmals gebrochen werden. Innergesellschaftliche Friedensabkommen können unter günstigen Bedingungen Bürgerkriege und Aufstände beenden. Ein Beispiel hierfür ist Kolumbien. 2016 unterzeichneten die Regierung in Bogotá und die Terrororganisation Revolutionäre Streitkräfte Kolumbiens (FARC) nach vielen Jahren gewaltsamer Auseinandersetzungen ein Friedensabkommen, das die Gewalt im Lande immerhin ein Stück weit reduzierte.

Analytisch gesehen enden Kriege dann, wenn der Angreifer seine Aggression einstellt und sich zurückzieht und der Angegriffene nicht seinerseits zum Angriff übergeht. Zweitens bedeutet ein militärischer Sieg über einen Gegner, der seinen Widerstand beendet, weil ihm keine andere Wahl bleibt, dass die Kriegshandlungen aufhören. Ob dem militärischen Sieg dann politische Entscheidungen folgen, die den Konflikt erst einmal aus der Welt schaffen können, bleibt im Moment des Sieges (für den Gegner der Moment der Niederlage) offen. Der Satz »militärisch gewonnen, politisch wieder zerronnen« hat sich nicht selten bewahrheitet. Wie aus erbitterten Kriegsgegnern innerhalb einer Generation eng miteinander kooperierende Partner werden können, dafür ist das deutsch-französische Verhältnis nach 1945 ein Beispiel. Im 21. Jahrhundert findet sich bislang kein vergleichbares. Dass es einmal einen einigermaßen aussichtsreichen israelisch-palästinensischen Friedensprozess gab, ist gegenwärtig kaum noch vorstellbar. Gleiches dürfte für lange Zeit für das Verhältnis zwischen Russland und der Ukraine gelten.

Kriegsverhinderung, Kriegseindämmung und Kriegsbeendigung sind politische Herkulesaufgaben. Angesichts der Vielzahl von Gewaltkonflikten trifft man zu selten auf Regierungen, die allein oder mit der Unterstützung von friedensorientierten Organisationen diese Aufgaben ernsthaft und unbeirrt angehen.

Ausgewählte Literatur

Dieses Literaturverzeichnis umfasst nur einen kleinen Bruchteil der für das Thema relevanten Literatur. Bei der Auswahl galten vier Hauptkriterien: Informationsbreite, Datenzuverlässigkeit, Aktualität sowie Verständlichkeit. Zahlreiche wichtige Studien über Kriege im 21. Jahrhundert sind in englischer Sprache verfasst. Das erschwert den Zugang für deutschsprachige Leser. Dennoch komme ich nicht umhin, wegen ihrer Qualität auf diese Schriften zu verweisen. *Titel, die für interessierte Leser besonders nützlich sind, werden kursiv hervorgehoben.* Für alle, die sich weiter mit dem Thema oder bestimmten Teilaspekten beschäftigen wollen, sind sie besonders empfehlenswert.

Einführungen und Übersichtsdarstellungen

Ehrhart, Hans-Georg (Hrsg.): Krieg im 21. Jahrhundert. Konzepte, Akteure, Herausforderungen. Baden-Baden 2017.

Freedman, Lawrence: Command. The Politics of Military Operations from Korea to Ukraine. London 2022.

Freedman, Lawrence: The Future of War. A History. London 2018.

Herberg-Rothe, Andreas: Krieg. Geschichte und Gegenwart – Eine Einführung. Frankfurt/M. 2017, 2. Aufl.

Hippler, Jochen: Krieg im 21. Jahrhundert. Militärische Gewalt, Aufstandsbekämpfung und humanitäre Intervention. Wien 2019.

Johnson, Rob/Kitzen, Martijn/Sweijs, Tim (Hrsg.): The Conduct of War in the 21st Century. Kinetic, Connected and Synthetic. London 2021.

Lindley-French, Julian/Allen, John R./Hodges, Frederick Ben: Future War. Bedrohung und Verteidigung Europas. München 2022.

Martin, Mike: How to Fight a War. London 2023.

Riemann, Malte: Der Krieg im 20. und 21. Jahrhundert. Entwicklungen und Strategien. Stuttgart 2020.

Simpson, Emile: War From the Ground Up. Twenty-First-Century Combat as Politics. London 2012.

Strachan, Hew: The Direction of War. Contemporary Strategy in Historical Perspective. Cambridge 2013.

Rüstungstechnologie

Johnson, James: Artificial Intelligence & Future Warfare. Implications for International Security. In: Defense & Security Analysis, 35. Jg. 2019, H. 2, S. 147–169.

Mayer, Michael: The Future of Military Force. The Impact of Emerging Technologies and Defense Innovation on State Force Structures. Report 22/02384, Norwegian Defence Research Establishment. Kjeller 2023.

Scharre, Paul: Four Battlegrounds. Power in the Age of Artificial Intelligence. New York 2023.

Stehr, Michael: Unbemannte Systeme und Cyber-Operationen. Streitkräfte und Konflikte im 21. Jahrhundert – Eine Einführung. Hamburg 2020.

Watling, Jack: The Arms of the Future. Technology and Close Combat in the 21st Century. London 2024.

Krieg als Geschäftsmodell

Jäger, Thomas/Kümmel, Gerhard (Hrsg.): Private Military and Security Companies. Chances, Problems, Pitfalls and Prospects. Wiesbaden 2007.

Kurtenbach, Sabine/Lock, Peter (Hrsg.): Kriege als (Über)Lebenswelten. Schattenglobalisierung, Kriegsökonomien und Inseln der Zivilität. Bonn 2004.

Uesseler, Rolf: Krieg als Dienstleistung. Private Militärfirmen zerstören die Demokratie. Berlin 2006.

Terrorismus

Combs, Cynthia C.: Terrorism in the 21st Century. New York 2023, 9. Aufl.

Goertz, Stefan: Islamistischer Terrorismus. Analyse – Definitionen – Taktik. Heidelberg 2019, 2. Aufl.

Hellmuth, Dorle: Counter Terrorism and the State. Western Responses to 9/11. Philadelphia 2016.

Neumann, Peter R.: Die neuen Dschihadisten. IS, Europa und die nächste Welle des Terrorismus. Berlin 2015, 2. Aufl.

Rothenberger, Liane/Krause, Joachim/Jost, Jannis/Frankenthal, Kira (Hrsg.): Terrorismusforschung. Interdisziplinäres Handbuch für Wissenschaft und Praxis. Baden-Baden 2022.

Konfliktregion Naher Osten

Akbulut, Hakan/Hagemann, Steffen/Opitz, Anja (Hrsg.): Umbruch, Zerfall und Restauration. Der Nahe Osten im Spannungsfeld regionaler Akteure und externer Mächte. Baden-Baden 2022.

Asseburg, Muriel/Busse, Jan: Der Nahostkonflikt. Geschichte, Positionen, Perspektiven. München 2016.

Helberg, Kristin: Der Syrien-Krieg. Lösung eines Weltkonflikts. Freiburg i. Br. 2018.

Kepel, Gilles: Chaos. Die Krisen in Nordafrika und im Nahen Osten verstehen. München 2019.

Seibert, Thomas: Machtkampf am Mittelmeer. Neue Kriege um Gas, Einfluss und Migration. Berlin 2021.

Steinberg, Guido: Krieg am Golf. Wie der Machtkampf zwischen Iran und Saudi-Arabien die Weltsicherheit bedroht. München 2020.

Steininger, Rolf: Die USA, Israel und der Nahe Osten. Von 1945 bis zur Gegenwart. Reinbek 2022.

Tilgner, Ulrich: Krieg im Orient. Das Scheitern des Westens. Berlin 2020.

Kriegsgeschehen in Afrika

Bley, Helmut: Afrika. Welten und Geschichten aus dreihundert Jahren. Berlin 2021.

Johnson, Dominic: Kongo. Kriege, Korruption und die Kunst des Überlebens. Frankfurt/M. 2009, 2. Aufl.

Schlicht, Alfred: Das Horn von Afrika. Äthiopien, Dschibuti, Eritrea und Somalia: Geschichte und Politik. Stuttgart 2021.

Tetzlaff, Rainer: Vielvölkerstaat Äthiopien. Zu den historischen Ursachen von Krieg und Frieden in Äthiopien. Wiesbaden 2021.

Van Reybrouck: Kongo. Eine Geschichte. Berlin 2013.

Williams, Paul D.: War and Conflict in Africa. London 2016. Second Edition.

Tragödie Afghanistan

Giustozzi, Antonio: The Taliban at War 2001–2021. Oxford 2022. New Edition.

Götz, Markus: ‚Hier ist Krieg'. *Afghanistan-Tagebuch 2009. Hrsg. und eingeleitet von Christian Hartmann. Göttingen 2021.*
Kilcullen, David/Mills, Greg: *The Ledger. Accounting for Failure in Afghanistan. London 2021.*
Rashid, Ahmed: Taliban. Die Macht der afghanischen Gotteskrieger. München 2022, 3. Aufl.
Seliger, Marco: Das Afghanistan-Desaster. Warum wir am Hindukusch gescheitert sind. Hamburg 2022.

Russlands Kriege

Crome, Erhard: Russlands ukrainischer Krieg. Die Ursachen und die Folgen. Berlin 2022.
Galeotti, Mark: *Putin's Wars. From Chechnya to Ukraine. Oxford 2022.*
Kanet, Roger E./Moulioukova, Dina (Hrsg.): Russia and the World in the Putin Era. From Theory to Reality in Russian Global Strategy. New York 2022.
Sasse, Gwendolyn: Der Krieg gegen die Ukraine. Hintergründe, Ereignisse, Folgen. München 2022.

Abbildungsnachweis

Peter Palm, Berlin: S. 162/163, 228. picture alliance/AA: S. 150 (Olympia de Maismont), 202 (Augustin Wamenya). picture alliance/AP Photo/Allauddin Khan: S. 212. picture alliance/ASSOCIATED PRESS/Uncredited: S. 60. picture alliance/Bildagentur-online/Tips Images: S. 199. picture alliance/Caro: S. 28 (Trappe), 121 (Ruffer). picture alliance/dpa: S. 46 (Abdelhak_Senna), 101 (Wolfgang Kumm), 104 (Fabian Sommer), 125 (Mahmoud_Zayat), 129 (Ali Haider), 145 (Hubert Boesl), 191 (William Farmerie), 243 (Djibo Issifou). picture alliance/dpa/dpa Grafik/dpa-infografik GmbH: S. 114, 253 (Bearb.: Uwe Friedrich). picture alliance/dpa/dpaweb/Peter Endig: S. 222. picture alliance/EPA/ANATOLY MALTSEV: S. 134. picture alliance/NurPhoto/Dominika Zarzycka: S. 157. picture alliance/Photoshot: S. 177. picture alliance/REUTERS/RICK WILKING: S. 88. picture alliance/Schulmann-Sachs: S. 82. U.S. Air Force (Paul Ridgeway): S. 110. Wikimedia commons: S. 56, 65

Der Autor

Wilfried von Bredow, Jahrgang 1944, ist Politologe und Publizist. Während seiner Zeit als Professor für internationale Politik an der Philipps-Universität Marburg verbrachte er mehrere Jahre an ausländischen Universitäten. Zu seinen Publikationen zählen zahlreiche Bücher und Aufsätze zur deutschen Außen- und Sicherheitspolitik sowie Artikel für die Zeitungen FAZ, NZZ und WELT. Zuletzt erschien von ihm im BeBra Verlag »Die Bundeswehr – Von der Gründung bis zur Zeitenwende«.

Bibliografische Information der Deutschen Nationalbibliothek
Die Deutsche Nationalbibliothek verzeichnet diese Publikation in der Deutschen Nationalbibliografie; detaillierte bibliografische Daten sind im Internet über http://dnb.d-nb.de abrufbar.

Alle Rechte vorbehalten.

Dieses Werk, einschließlich aller seiner Teile, ist urheberrechtlich geschützt. Jede Verwertung außerhalb der engen Grenzen des Urheberrechtsgesetzes ist ohne Zustimmung des Verlages unzulässig und strafbar. Das gilt insbesondere für Vervielfältigungen, Übersetzungen, Mikroverfilmungen, Verfilmungen und die Einspeicherung und Verarbeitung auf DVDs, CD-ROMs, CDs, Videos, in weiteren elektronischen Systemen sowie für Internet-Plattformen.

© 2024 BeBra Verlag GmbH
Asternplatz 3, 12203 Berlin
post@bebraverlag.de
Lektorat: Gabriele Dietz, Berlin
Umschlag: typegerecht berlin
Satzbild: Friedrich, Berlin
Schriften: Garamond Pro, Hint
Druck und Bindung: GGP Media GmbH, Pößneck
ISBN 978-3-89809-235-7

www.bebraverlag.de